설탕 전쟁

지은이 최광용

사업가 겸 여행가로서 30여 년간 약 80개국을 넘나들며 다양한 문화를 경험했다. 그러던 중 동남아시아와 중남미, 아프리카 국가 대부분이 서구 강대국의 지배에 의한 식민 착취, 노예무역, 강제 이주의 역사를 지니고 있으며, 그 흔적이 여전히 사회 곳곳에 남아 있음을 알게 되었다. 이에 지적 호기심을 느껴, 현지 주민들과 활발히 교류하고 해외 서적이나 자료를 찾으며 독자 연구를 이어 왔다. 또한 수원문인협회 정회원으로 현재 시인으로도 활동 중이다. 해외에서의 오랜 경험이 길러 준 탐구심, 그리고 문학적 감수성을 바탕으로 세계사를 다채롭게 풀어 내는 글을 써 왔다.

그 첫 결실인 《향신료 전쟁》에서는 향신료를 둘러싼 서구 열강의 제국주의적 탐욕과 각축전이 세계사에 어떤 영향을 미쳤는지 소개했다. 두 번째 책인 《설탕 전쟁》에서는 오늘날 세계가 형성되는 데 설탕이 어떤 역할을 했는지 소개한다. 또한 하와이 사탕수수 농장의 조선인 노동자를 통해 우리 이민의 역사를 돌아보고, 그 의미를 독자와 함께 나누고 싶어 이 책을 썼다.

설탕 전쟁

ⓒ 최광용, 2025

초판 1쇄 인쇄 2025년 7월 22일 | **초판 1쇄 발행** 2025년 8월 18일

지은이 최광용
펴낸이 유강문
인문사회팀 최진우 김효진
마케팅 김한성 조재성 박신영 김애린 오민정

펴낸곳 ㈜한겨레엔 www.hanibook.co.kr
등록 2006년 1월 4일 제313-2006-00003호
주소 서울시 마포구 창전로 70(신수동) 화수목빌딩 5층
전화 02-6383-1602~3
팩스 02-6383-1610
대표메일 book@hanien.co.kr
ISBN 979-11-7213-287-3 03900

※ 책값은 뒤표지에 있습니다.
※ 파본은 구입하신 서점에서 바꾸어 드립니다.
※ 이 책의 일부 또는 전부를 재사용하려면 반드시 저작권자와 ㈜한겨레엔 양측의 동의를 얻어야 합니다.

추천사

설탕은 소금과 더불어 음식 맛을 내는 대표적인 조미료다. 설탕이 내는 단맛은 현대인에게 너무나 익숙하지만, 과연 옛날에도 그랬을까? 설탕은 사탕수수나 사탕무를 통해 만들어지기 때문에 생산 지역이 제한적이었고, 누구나 쉽게 즐길 수 있는 감미료가 아니었다. 또한 전통 사회에서는 통념과는 달리 지배층조차 단맛을 무조건 선호했던 것은 아니기에, 설탕은 소금과 달리 일종의 기호 식품에 가까웠다.

그렇다면 무슨 일이 있었기에 설탕이 전 세계로 퍼져 나가 오늘날 사람들의 입맛을 사로잡게 되었을까? 저자는 설탕의 역사를 집요하게 파고들며, 우리의 막연한 상상과는 전혀 다른 역사적 진실을 드러낸다. 제국주의 시대부터 현대 미국이 형성되기까지, 설탕은 자연스럽게 보편화된 게 아니라 서구 열강의 상업적 목표 아래 의도적으로 생산 및 확산되었다. 그 과정에서 노예 인권 침해, 식민지 전통문화의 파괴, 그리고 산업화로 인한 다양한 부작용이 뒤따랐다. 100여 년 전, 조선인들이 멀고 먼 하와이에 정착하게 된 것 또한 설탕 산업과 깊이 관계되어 있으니, 설탕의 역사는 결코 남의 이야기가 아니다.

설탕만큼 마법 같은 힘을 가진 감미료가 또 있을까? 《향신료 전쟁》의 저자가 이번에는 《설탕 전쟁》으로 돌아왔다. 지금의 우리에게는 너무나 익숙하고 당연한 설탕이라는 식재료를 통해, 역사의 본질을 새롭게 들여다보는 신선하고 색다른 지적 모험에 동참해 보자. 이번에도 쉽고, 재미있고, 의미 있다!

_심용환(역사학자, 심용환역사N교육연구소 소장)

> 들어가는 말

세계사를 바꾼 설탕,
그 달콤쌉싸름한 이야기를 따라서

나는 일평생 사업 또는 여행차 적지 않은 나라를 방문해 왔는데, 그중 가장 마지막으로 장기 체류했던 나라가 태국이다. 태국에 머물고 있던 언젠가의 이야기다. 내가 지냈던 동네의 하늘에는 새벽이면 떼를 지어 지나는 새가 있었다. 새 떼가 이루는 아름다운 풍경에 매료되어 매일 보기를 즐겼는데, 문득 그 새에 대한 모든 것이 궁금해져 탐구에 몰두한 적이 있다. 새의 정체는 태국에서 당시 기준으로 이미 20여 년 전에 멸종했다고 알려진 '사루스두루미'였다. 멸종한 새가 어떻게 떼를 이루게 되었는지 의아하여 알아보니, 태국의 어떤 동물원이 한 농부로부터 사루스두루미 한 쌍을 기증받은 후 각고의 노력 끝에 번식에 성공시켰고 이후 늘어난 상당수의 개체를 야생에 방류했다는 것이다. 그 방류지가 부리람이라는 태국 북동부 지방에 있는 한 호수라는 이야기를 듣고 무려 여섯 시간이나 차를 몰아 방문하기도 했다. 그곳까지 갔다 돌아오는 길에는 사탕수수밭이 정말 끝없이도 펼쳐져 있었는데, 그때 새삼 '세계 4위 설탕 생산국'의 위용을 실감했다.

태국은 세계에서 설탕을 네 번째로 많이 생산하는 '설탕 강국'이다. 태국에 있을 때, 지방 소도시의 한적한 길을 걸을 때면 사탕수수즙을 내어 파는 그늘집을 자주 만날 수 있었다. 기다란 수숫대를 한 토막 잘라 위아래로 맞물려 돌아가는 롤러의 틈새에 넣고 즙을 짜면 자연 그대로의 향이 가득한 사탕수수즙 한 컵이 나온다. 어릴 적, 여름날 거리에서 냉차를 사 먹고 잠깐이나마 더위를 식혔듯 태국에 있는 동안에는 종종 사탕수수즙을 한 컵씩 사서 마셨다. 이렇게 사탕수수즙으로 더위와 갈증을 달래는 모습은 태국을 비롯한 베트남, 필리핀, 말레이시아, 인도네시아 등 동남아시아 국가뿐 아니라 인도나 중동, 아프리카 같은 다른 열대 지방에서도 흔히 볼 수 있었다. 이들 나라를 다녀온 지도 벌써 꽤 오랜 세월이 흘렀기에 지금도 그 모습을 쉽게 만날 수 있을지는 잘 모르겠지만, 아마 완전히 사라지지는 않았을 것이다.

나와 설탕이 무슨 인연이라도 있는 것인지, 태국에 있기 몇 년 전에는 파키스탄 제2의 대도시인 라호르 근처의 오카라Okara라는 곳을 사업차 방문해 그곳에서 며칠을 보낸 적이 있다. 참고로 파키스탄은 태국 다음으로 설탕을 많이 생산하는 세계 5위의 설탕 생산국이다. 내가 머물렀던 곳은 파키스탄 굴지의 설탕 재벌이 소유한 농장 안에 있는 손님 접대용 방갈로였다. 그곳에서 지내는 동안, 나는 구순이 다 되어 이미 일선에서 은퇴한 선대 회장으로부터 설탕 생산과 제조 공정을 비롯해 설탕에 관한 여러 이야기를 들을 수 있었다.

선대 회장은 인도 벵골 출신이다. 벵골은 영국이 인도를 지배하기 전, 인도의 마지막 제국인 무굴 제국 시절에 부의 원천이었던 지역이다. 영국령 인도는 독립 이후 이슬람교를 믿는 지역과 힌두교를 믿는 지역이 분리되어 각자 새로운 독립국이 되었고, 이는 오늘날의 파키스탄과 인도로 이어졌다. 이후 파키스탄은 다시 동파키스탄과 서파키스탄 두 지역으로 나뉘게 된다. 이렇게 여러 차례 분쟁과 분리를 거치는 동안 동파키스탄(현재의 방글라데시)의 재력가 상당수가 서파키스탄(현재의 파키스탄)으로 이주했는데, 이 설탕 재벌도 그중 하나였다. 선대 회장은 밤을 새울 기세로 매우 급박했던 이주 당시의 상황을 내게 쉼 없이 이야기했고, 그의 아들은 나를 가까스로 아버지로부터 떼어 놓으며 말했다.

"설탕 사업은 이제 지긋지긋합니다. 기본적으로 사탕수수를 경작해야 하는 계절 산업이잖아요. 수확 철마다 인력 수요가 그야말로 폭발하는데, 인력을 원활히 수급하는 데 이제 한계에 부딪혔어요. 또, 물이 대량으로 필요한 만큼 가뭄은 재앙과도 다름없는데 가뭄 시기를 예측할 수 있어야 말이죠. 기도도 소용없어요."

사탕수수 수확기에 필요한 인력은 단 몇백, 몇천의 수가 아니다. 수만 명에 이르는 사람이 필요하다. '지긋지긋하다'는 아들 회장의 표현에 고개가 절로 끄덕여졌다.

설탕 생산은 본질적으로 사람의 수에 의존할 수밖에 없다. 지금은 생산 공정의 상당 부분이 기계화되었지만, 사탕수수 재배와 수확에는 여전히 많은 노동력이 필요하다. 기계가 없었던 수백 년 전에는 모든 공정을 사람이 직접 했기에 지금보다도 훨씬 많은 노동력이 필요했을 것이다. 그렇기에, 설탕 생산과 유통이 본격적으로 산업화되는 과정에서 대륙 간 대규모 인구 이동이 이루어졌다. 많은 설탕을 얻기 위해 수많은 노예가 필요했기 때문이다. 설탕 산업에 뒤따른 잔혹했던 노예제와 대규모 인구 이동은 오늘날 세계 인구 구성에도 적지 않은 영향을 미쳤다. 따라서 아프리카 노예의 역사와 설탕 산업이 초래한 인구 이동의 흐름을 살펴보는 일은 단지 설탕 산업에 대한 이해를 돕는 데 그치지 않고, 세계사의 큰 흐름과 그 속에서 형성된 현재를 보다 깊이 이해할 수 있도록 하는 중요한 열쇠가 된다. 무엇보다, 우리에게도 설탕으로 인한 이주의 역사가 있다. 바로 1900년대 초에 있었던 하와이 사탕수수 농장으로의 이주다.

전작《향신료 전쟁》을 통해서 나는 대항해시대를 시작으로 서양 열강들이 후추, 정향, 육두구 등의 향신료 쟁탈을 위해 분투하며 세계가 일대 전환을 맞는 과정을 풀어 냈다. 그런데 향신료 말고도 인류 문화와 역사를 송두리째 바꾼 게 바로 설탕이란 사실을, 앞서 소개한 태국과 파키스탄에서의 경험을 통해서, 또한 남아프리카 공화국, 스리랑카, 앙골라 등 남반구의 여러 나라 곳곳에 광활히 펼쳐진 사탕수수밭과 만나며 차츰 알게 되었다.

이 책은 유럽인들이 사탕수수를 발견하고 재배하기 시작한 시점부터, 설탕 산업의 중심이 유럽에서 아메리카 대륙으로 옮겨 가는 과정을 따라간다. 다음으로 현재 세계 제1의 패권국이자 한국과도 긴밀한 관계를 맺고 있는 미국이라는 나라가 탄생하기까지 설탕이 어떤 역할을 했는지를 살피며, 한인 이민사의 시작점인 하와이 설탕 농장의 역사를 되짚는다. 그 역사를 지금 우리에게, 그리고 다음 세대에게 전하는 일이 무척 중요한 의미를 지닌다고 믿으며 이 책을 썼다.

오늘날 세계는 다양한 민족이 뒤섞여 살아가고 있다. 지금의 세계가 형성되기까지 설탕을 매개로 수많은 사람과 자원이 바다와 대륙을 건너 이동했고, 이는 노예의 등장과 폐지, 디아스포라, 문화 교류, 새로운 국가 성립 등 세계사의 여러 중요한 장면들을 탄생시다. 우리의 역사 또한 그와 깊이 얽혀 있다. 설탕을 통해 새롭게 조망한 세계사, 그리고 그 안에서 교차하는 우리의 이야기가 독자 여러분의 호기심과 지적 갈망에 조금이나마 부응하기를 바란다.

차례

들어가는 말: 세계사를 바꾼 설탕, 그 달콤쌉싸름한 이야기를 따라서 005

1장 차 한 잔, 설탕 한 스푼이 바꾼 세계

스리랑카 찻잔 속의 제국 015 | 포르투갈 공주로부터 시작된 영국의 티타임 019
사탕수수, 대서양을 건너다 023 | 콜럼버스와 사탕수수 029

2장 문명을 넘나든 달콤한 유혹

이슬람 문명사회와 암흑의 서구 사회 037 | 십자군, '단맛이 나는 갈대'를 만나다 041 | 태초에 설탕은 어디에서 왔는가 043

3장 플랜테이션과 흑인 노예의 눈물

식민 경제의 핵심, 플랜테이션 049 | 사탕수수밭으로 끌려간 아프리카 흑인 053
영국의 해적왕과 자메이카의 육상 영웅 056 | 비참했던 흑인 노예의 삶 060 | 어느 노예 감독관이 남긴 끔찍한 기록 064

4장 채찍 아래에서 함께 이룬 흑인 노예 공동체

아프리카 흑인, 노예에서 전사로 거듭나다 071 | 제국에 맞서 싸운 검은 전사들 076 | 한 섬에 두 나라, 히스파니올라섬 이야기 082

5장 아메리카에 세워진 최초의 흑인 공화국

불사신이 된 외팔이 지도자 091 | 부두교 의식에서 시작된 아이티 혁명 095 | 투생 루베르튀르와 아이티 공화국의 탄생 101 | 나폴레옹이 선택한 '달콤한 뿌리' 107

6장 설탕과 황금의 땅 브라질

포르투갈 식민 모델의 시작, 마데이라 113 | 페드루 알바레스 카브랄과 미지의 땅 117 | 설탕 왕국 브라질의 탄생 120 | 브라질 식민 경제의 확장과 야만적 노동 착취 125 | 노예 사냥꾼 반데이라 128 | 네덜란드는 어떻게 브라질을 빼앗았나 132 | 브라질리언이라 불린 네덜란드인 식민 총독 138 | 브라질을 뒤흔든 골드러시 141 | 황금의 땅 미나스제라이스 145

7장 사탕수수와 럼, 시가와 낭만의 섬 쿠바

'슈거 볼'의 나라 153 | 콜럼버스를 사로잡은 '연기 나는 마른 풀' 158 | 시가 연기와 럼에 담긴 쿠바의 정취 161 | 세계인을 매료시킨 바카디 럼주의 향미 168 | 차별 없는 세상을 꿈꾸며 172 | 쿠바 독립과 스페인의 몰락, 그리고 미국의 부상 177

8장 사탕수수밭이 키운 미국의 야망

성조기 이전에 설탕이 있었다 185 | 파리 조약과 미합중국의 탄생 190 | 신생 독립국의 젖줄이 된 미시시피강 193 | 루이지애나는 어떻게 미국 설탕 산업의 핵심이 되었나 197 | 나폴레옹의 루이지애나 매각과 '신이 주신 운명'의 시작 203 | 미국 목화밭의 비극이 만든 것들 210

9장 하와이, 설탕, 그리고 우리

설탕의 길, 태평양을 건너 하와이로 이어지다 217 | 설탕이 만든 미국의 새로운 땅 220 | 조선인이 하와이 사탕수수밭으로 오기까지 225 | 한인 이주 역사의 시작 230 | 조국을 위해 기꺼이 몸 바친 조선인 청년들 233 | 하와이로 온 '사진신부' 238 | 설탕 재벌의 섬에서 세계인이 사랑하는 섬으로 243

1장

차 한 잔,
설탕 한 스푼이 바꾼 세계

스리랑카 찻잔 속의 제국

1970년대까지만 해도 찻잎을 우려 마시는 방식은 우리에게 익숙하지 않았다. 일제강점기와 한국전쟁을 거치며 생활에 여유가 없었던 만큼 여가나 취미로서의 차 문화가 뿌리내릴 수 없었기 때문이다. 지금의 카페와 비슷한 역할을 했던 다방茶房이 성행하던 시절에도, 가장 인기 있던 음료는 인스턴트커피와 티백으로 우린 홍차였고 쌍화차나 생강차 정도를 추가 선택지로 고려할 수 있었다. 나 역시 다방에 가면 주로 커피를 주문했지만 가끔 커피에 질릴 때면 홍차를 마셨다. 대부분 립톤Lipton 브랜드의 홍차였는데, 아마도 실론Ceylon(현 스리랑카의 옛 지명)산이었을 것이다.

립톤 차는 대부분 티백tea bag 형태로, 종이 재질의 티백에 담긴 찻잎을 뜨거운 물에 우리면 빠르게 우려내 간편하게 즐길 수 있다. 영국의 토머스 J. 립턴Sir Thomas J. Lipton은 실론에 차밭을 조성하고 차를 생산하여 큰돈을 벌었는데, 미국 시장으로 진출하면서 좀 더 많은 사람이 간편하게 차를 즐길 수 있는 방법을 고민하다 종이 티백을 발명했다. 립턴의 성공 이후, 그를 따라 많은 영국인이 실론섬에 차나무 묘목을 들여와 중앙 고원 지대에 심었다.

 실론의 중앙 고원 지대는 인도의 티베트 고원 자락에 위치한 다르질링Darjeeling이나 심라Shimla처럼 기온이 낮은 지역이다. 해발고도가 무려 2500미터에 달하며, 차 재배에 매우 적합한 기후 조건을 갖추고 있다. 영국은 19세기부터 자본과 기술을 동원해 실론섬에 대규모 차 플랜테이션tea plantation을 조성하여 대량 생산 체제를 갖추었고, 이후 실론은 '차의 나라'로 불릴 만큼 세계적인 차 산업의 중심지가 되었다. 지금도 이 지역에서 생산된 차는 그 품질을 널리 인정받는다. 물론 영국이 가장 많은 차를 재배하고 생산한 지역은 인도이지만, 실론 역시 천혜의 자연환경 덕분에 인도 못지않은 주요 차 생산지로 자리 잡을 수 있었다.

 70년대 말에서 80년대 초 사이, 내가 30대 중반이던 시절의 일이다. 나는 스리랑카에서 회사를 경영하며 첫 해외살이를 시작했다. 스리랑카는 식민지 시절 주입된 영국 문화의 일부가 여전히 깊게 뿌리내린 곳이다. 차 문화 또한 마찬가지다. 스리랑카에서는 관공서를 포함한 직장 대부분이 '티 브레이크 타임tea break time'이라는 시간을 가진다. 말 그대로 차를 마시는 시간이다. 오전과 오후에 한 번씩 약 15분 동안, 모든 임직원이 차를 마신다. 그 어떤 사장도 '티브레이크 타임은 일의 연속성을 끊는 비능률적인 제도'라며 불만을 대놓고 표할 수 없다. 경영자였던 나조차도 티 브레이크 타임이 오면 어김없이 차를 마셨다.

스리랑카에서 비서가 가져온 홍차를 처음 마셨을 때, 나도 모르게 '헉' 하고 신음이 터져 나왔다. 설탕을 듬뿍 넣고 끓여낸 그 홍차가, 차라기보다는 거의 설탕 시럽처럼 느껴졌기 때문이다. 이 또한 영국의 흔적이다. 고된 육체노동에 주로 종사했던 중하층민에게, 영국인들은 설탕을 잔뜩 넣은 홍차를 마시게 하여 카페인과 당을 동시에 보충하게 했다고 한다. 노동자들이 지쳐 쓰러지지 않도록 한 영국인들의 배려(?)였다고 전해진다. 스리랑카에서는 여전히 이처럼 달고 끈적한 홍차를 널리 마신다. 처음엔 당황했지만, 어느새 나도 하얗고 투박한 자기 찻잔에 담긴 진한 단맛의 홍차에 익숙해지고 말았다.

15세기 이전까지만 해도 영국에는 차의 존재조차 알려지지 않았다. 차가 영국에 본격적으로 유입된 시기는 16세기에서 17세기경이었고, 영국인들은 빠르게 차의 매력에 빠져들었다. 수요가 급격히 증가하자 차는 곧 중요한 돈벌이 수단이 되었다. 이에 당시 아시아를 주무대로 활동하던 영국 동인도회사는 본격적으로 차 산업을 발전시켰고, 차 산업으로 영국은 '해가 지지 않는 나라'라는 수식어에 걸맞은 대제국으로 성장할 만큼 막대한 부를 축적할 수 있었다. 그런데 이 차와 함께 영국에 엄청난 수익을 안겨준 또 하나의 상품이 있었다. 바로 설탕이다. 또한 차에 설탕을 넣어 마시는 습관이 자리 잡게 되면서, 차와 설탕은 마치 자전거의 앞바퀴와 뒷바퀴처럼 함께 굴러가기 시작했다. 차의 소비가 늘면 설탕의 소비도 따라 늘 수밖에 없었다.

포르투갈 공주로부터 시작된 영국의 티타임

포르투갈의 왕 주앙 4세는 당시 호시탐탐 침공의 기회를 엿보던 스페인에 큰 위협을 느끼고, 군사력이 강한 영국에 도움을 청했다. 이를 계기로 두 나라의 관계를 공고히 하고자, 주앙 4세는 영국 왕 찰스 2세와 자신의 딸 카타리나 공주Catarina de Bragança의 정략결혼을 추진했다. 영국은 결혼의 대가로 포르투갈의 땅이었던 북아프리카의 탕헤르Tangier와 인도 봄베이(현재 인도의 뭄바이)의 7개 섬, 영국이 포르투갈 식민지에서 자유롭게 교역할 수 있는 권리, 포르투갈에 살고 있는 영국인들의 종교 및 사업의 자유 보장 등을 조건으로 정략결혼에 합의했다.

카타리나 공주가 찰스 2세의 신부가 되고자 포츠머스에 도착한 날은 1662년 5월 13일이었다. 공주를 태우고 온 배에는 차와 설탕

영국 왕비가 된 카타리나 공주의 초상화. 그녀를 통해 처음 영국에 소개된 차 문화는, 이후 영국을 대표하는 문화적 상징으로 자리 잡게 된다.

을 비롯해 영국에서는 아직 생소한 진귀한 물건들이 가득 실려 있었고, 공주는 현금 30만 파운드까지 지참금으로 챙겨왔다. 이는 포르투갈이 당시 신항로 개척과 무역의 선두 주자로서 막대한 부를 지니고 있었기에 가능했다. 아무튼 영국으로서는 전혀 손해볼 게 없는, 오히려 엄청나게 이득인 정략결혼이었다. 그러니 찰스 2세는 카타리나 공주를 환대해야 마땅했다. 카타리나 공주 또한 남편이 될 찰스 2세가 직접 마중 나와 자신을 반갑게 맞아 줄 것을 기대했다. 그런데 왕은 보이지 않았다.

찰스 왕이 모습을 드러내지 않자 공주는 불안해졌다. 실은 영국에 오기 전, 찰스 왕이 대단한 바람둥이라는 이야기를 들었기 때문이다. 종교 문제도 걸렸다. 카타리나 공주는 독실한 가톨릭 신자이고 가톨릭 교육을 받으며 자랐다. 그러나 영국은 성공회가 국교인 나라로 당시 가톨릭 세력을 배척하고 있었다. 곧 치러야 하는 결혼식도 가톨릭 규범에 따를 것인지 성공회의 절차를 따를 것인지부터가 문제일 정도였다.

심란한 마음으로 찰스 왕을 기다리는 동안, 공주는 임시로 묵은 숙소의 따뜻한 정원에서 좋아하는 차를 끓여 마시는 일로 불안을 달랬다. 그 모습을 분명 포츠머스 지방의 귀부인들이 호기심 어린 눈으로 훔쳐보았을 것이다. 공주가 조그만 그릇에 따라 홀짝거리며 마시는 그 음료가 도대체 무엇인지 너무나 궁금하지 않았을까?

"공주께서 마시는 저 음료, 무엇인지 아시나요? 아침부터 줄곧 저것만 드시더군요."

"'차이'라고도 하고, '차아'라고도 부른다네요. 동방의 어딘가에서 왔다던데, '인디아'인지 '차이나'인지 확실하진 않지만요."

"차이나? 거긴 또 어디인가요?"

"무엇보다도 저 잔이며 주전자가 정말 예술이에요. 어제는 새하얀 것이었는데 오늘은 아름다운 꽃무늬가 그려져 있네요. 처음 보는 아름다운 문양이에요."

"도대체 어떤 맛일까요, 저 '차이'라는 것은."

당시 영국 지방 귀족 부인들은 차의 존재를 알 리 없었다. 차에 넣어 마시는 설탕 또한, 들어본 적은 있었을지 몰라도 당시엔 매우 귀하고 비싼 것이어서 아마 먹어본 적은 없었을 것이다.

포츠머스의 귀부인들이 궁금해하던 그 음료가 나중에 '티tea'라고

16세기 후반~17세기 초에 중국에서 제작되어 유럽으로 수출된 청화백자(스웨덴 할빌박물관 소장). 대항해시대 이후 유럽에 널리 소개되기 시작한 중국 도자기는 17~18세기 유럽 전역에서 선풍적인 인기를 끌었다.

불리며 영국 문화의 한 뿌리가 될 줄을, 영국을 해가 지지 않는 제국으로 만들 실마리가 될 줄을 누가 알았겠는가? 차에 넣은 설탕에 아프리카인과 중국인, 인도인, 좀 더 이후에는 일본인, 그리고 한국인의 '민족 이동'과 아픔이 어려 있을 거라고는 상상조차 할 수 없었을 것이다. 오늘날 아메리카 대륙에 살고 있는 아프리카인 대부분은 영국인, 프랑스인, 포르투갈인, 네덜란드인들이 운영하는 사탕수수밭에 팔려 왔던 노예들의 후손이다.

찰스 왕은 카타리나 공주가 도착한 지 일주일이나 지난 5월 20일이 되어서야 포츠머스에 나타났다. 대단한 호색한으로 당대에도 유명했던 그는 추측건대 아마 마지못해 왔을 것이다. 아무튼, 찰스 2세와 카타리나의 이야기는 여기서 마무리하고 지금부터 설탕이야기를 펼쳐 보려 한다.

사탕수수, 대서양을 건너다

차, 커피, 초콜릿 등 새로운 기호품이 유럽에 들어오면서, 17~19세기 동안 유럽에서의 설탕 수요가 크게 증가했다. 이에 발맞추어 전개된 카리브해 여러 섬에서의 치열했던 설탕 생산의 역사는 인류 문명과 문화 그리고 역사를 송두리째 바꾸었다.

유럽의 제국주의적 팽창이 한창이던 19세기 초에는 유럽 내 설탕 수요의 90퍼센트가 카리브해로부터 충당되었다. 이 시기 바베이도스섬과 리워드제도에서는 설탕이 전체 수출의 각각 93퍼센트와 97퍼센트를 차지했을 정도였다. 설탕 생산량을 늘리기 위한 생산 기술도 발전했다. 기어로 움직이는 축에 롤러를 장착하고 수숫대를 압착시켜 설탕 즙을 짜내는, 제당 공장에서의 압착 기술 발전이 핵심이었다. 지금 기준으로는 단순해 보이는 기술이지만 당시에는 획

기적인 신기술이었다. 더 나은 사탕수수의 육종 개발 또한 활발히 이루어졌다.

　유럽인들은 설탕으로 사탕과 잼을 만들어 먹었고, 차와 커피, 코코아에도 설탕을 곁들여 먹었다. 설탕 수요가 걷잡을 수 없이 폭발할수록, 더 많은 사탕수수를 재배할 수 있는 넓은 땅이 필요해졌다. 그렇게 설탕 산업에 이용된 대표적인 곳이 쿠바다. 카리브해의 섬들은 대체로 사탕수수를 재배하기에 알맞은 기후를 띠었고, 그 중에서도 특히 쿠바는 섬의 크기가 큰 데다 지대가 평평해 대규모

대항해시대 이후 유럽인의 항로 거점이 된 마데이라·카나리아·아소르스제도.

농사가 가능했기 때문이다. 카리브해의 큰 섬은 쿠바 외에도 히스파니올라섬(현재 아이티 공화국과 도미니카 공화국이 위치한 섬) 그리고 자메이카가 있는데, 서구 열강들에 의한 사탕수수 재배와 설탕 생산은 점차 이 세 섬으로 집약되었다.

그런데 여기서 중요한 사실이 있다. 사탕수수는 원래 카리브해 섬이나 아메리카 대륙에서 자생하던 식물이 아니다. 그렇다면 어떻게 이 지역들이 세계적인 설탕 생산지가 될 수 있었을까? 그 중심에 바로 크리스토퍼 콜럼버스가 있다. '신대륙'을 발견한 그는 아메리카에 처음으로 사탕수수를 들여왔다. 스페인 최남단 대서양의 카나리아제도에서 사탕수수 씨앗을 가져와 히스파니올라섬에 심은 것이 그 시작이었다. 스페인과 함께 대항해시대의 문을 연 포르투갈 또한 대서양의 마데이라제도에서 사탕수수 재배를 시작해, 식민지인 브라질로 재배지를 넓히며 사탕수수와 설탕 산업을 확산시켰다.

스페인과 포르투갈이 있는 이베리아반도의 상당 지역은 8세기 초부터 15세기 후반까지 이슬람 세력의 지배를 받았다. 서고트 왕국을 멸망시킨 이슬람 세력은 약 780년 동안 이베리아반도에서 찬란한 문명을 꽃피웠지만, 잔존해 있던 서고트 세력의 레콩키스타Reconquista로 끊임없는 도전을 받았다. 레콩키스타란, 약 7세기 반 동안 이베리아반도에서 가톨릭 왕국들이 이슬람 세력을 축출하고 영토를 회복하기 위해 벌인 일련의 활동을 말한다. 포르투갈에서는 1249년 파로Faro가 함락되며 이슬람 세력이 축출되었고, 이로써 포르투갈 내 레콩키스타는 사실상 종결되었다.

이슬람 세력이 떠난 후, 포르투갈인들은 생존을 위해 바다로 나갈 수밖에 없었다. 당시 포르투갈은 가난한 약소국에 불과했고 땅도 척박했기 때문이다. 그렇게 대서양 어딘가에 있을지도 모를 가능성을 좇아 아프리카 모로코 해안을 샅샅이 탐색하던 중, 아프리카 북단 바다에서 마데이라제도와 아소르스제도를 발견한다. 두 제도는 곧바로 포르투갈령으로 선포되었다. 당시에는 유럽의 어느 왕국이든 새로운 땅을 발견하기만 하면 곧장 자기 땅이라 주장할 수 있었고, 그것이 곧 국제적으로 인정되던 시절이었다. '먼저 본 자가 임자'인 시대였던 셈이다. 이렇게 대항해시대에는 망망대해에 흩어져 있던 '주인 없는 섬'들이 하나둘씩 유럽의 탐험가들에게 발견되어, 각기 그들 왕국의 소유가 되었다. 카나리아제도의 7개 섬은 스페인에, 카보베르데는 포르투갈에 귀속되었으며, 나폴레옹의 유배지로 유명한 세인트헬레나섬은 처음엔 포르투갈령이었다가 이후 영국령이 되었다. 이들 섬 가운데는 카보베르데 공화국처럼 현재 완전한 독립 국가로서 상당한 인구와 인프라를 갖춘 곳도 있지만, 여전히 일부는 유럽 국가의 자치령으로 남아 있다.

15세기 무렵 마데이라제도를 점령한 포르투갈인들은 그곳에 사탕수수를 처음 옮겨 심었다. 당시 유럽에서 설탕은 귀한 사치품이었는데, 비슷한 시기에 무슬림들은 이미 키프로스, 로도스, 크레타, 몰타, 시칠리아 등 지중해의 여러 섬에서 사탕수수를 재배하며 설탕을 만들고 있었다. 이들은 초기 중세 무렵 인도로부터 사탕수수 재배법과 제당 기술을 받아들여 활발한 생산을 하고 있었고, 이슬람 세계에서는 설탕이 일상적인 식품이 된 지 오래였다. 그러나 유럽에는 거의 전해지지 않았고 제노바 상인들을 통해 극히 일부만 고가에 유통되는 수준에 불과했다. 포르투갈인들은 무슬림들이 사탕수수를 주로 '섬'에서 재배했다는 점에 착안해, 자신들이 점령한 마데이라제도에서도 이를 재배하기 시작한 것이다. 포르투갈의 바람대로 사탕수수는 마데이라제도에서 아주 잘 자라며, 포르투갈에 엄

1660년경 제노바 항구를 묘사한 그림. 제노바는 이탈리아반도 북서쪽에 있는 항구 도시로, 11세기 말~12세기 무렵부터 지중해 무역의 중심지로 부상했다.

청난 수익을 안겨 주었다.

유럽 남부, 이탈리아반도에는 이슬람 세력이 장악했던 지중해와 맞닿아 있으면서 유럽의 전초기지 역할을 했던 곳이 있는데 바로 베네치아 공화국과 제노바 공화국이다. 이탈리아반도를 가운데에 두고, 각각 반도의 동쪽인 아드리아해 끝자락과 서쪽 티레니아해 끝자락에 있었던 나라들이다. 대항해시대 이전에는 후추 등의 향신료를 베네치아 상인들이 무슬림들과 독점으로 교역했고, 제노바 상인들은 지중해 섬에서 생산된 설탕을 독점 교역했다.

널리 알려진 대로 스페인의 이사벨 1세 여왕은 콜럼버스를 제독으로 임명하고(이는 콜럼버스가 제시한 조건이었다), 선단을 꾸려 대서양 서쪽 항로를 따라 인도로 항해하도록 지원했다. 그 결과 오늘날 콜럼버스는 이사벨 여왕의 후원을 바탕으로 대항해시대의 서막을 연 선구자로 평가받고 있다. 그런데 그는 본래 스페인인이 아니라 제노바 출신의 상인임을 잊지 말자. 그의 항해는 제노바 상인의 독점 교역 품목이던 설탕과도 깊은 관련이 있었다.

콜럼버스와 사탕수수

1480년, 마데이라섬과 포르투산투섬에 각각 40척, 50척의 선박으로 구성된 대선단을 이끌고 제노바 상인들이 들어와 설탕을 사들였다. 이후 제노바 상인들은 마데이라가 설탕을 생산하여 번영을 누리는 것을 보고, 스페인령의 카나리아제도에서 사탕수수 재배를 시도했다. 카나리아제도는 사탕수수가 자라기 좋은 약산성의 토양과 온난한 기후, 적절한 강우량, 무엇보다 풍부한 노동력을 갖추고 있었다. 카나리아제도 자체적으로는 동원할 노동력이 부족했지만, 멀지 않은 아프리카의 베르데곶(현재의 세네갈에 위치) 등지에서 어렵지 않게 인력을 데려올 수 있었다. 노동집약적인 설탕 산업에 아프리카인 노동력을 쓴 것이 바로 이때부터이다. 투자할 자본과 영업력을 가진 제노바 상인과 스페인 사이의 네트워크는 효율적이었고, 당시 스페인 최대의 무역항이었던 세비야의 상인들도 이에 가세했다.

설탕이 제노바 상인들의 독점 교역품이었다는 점, 제노바 상인들이 그를 통해 큰 부를 얻었다는 점, 콜럼버스가 제노바 상인 출신이라는 점 때문인지, 콜럼버스가 인도를 찾는 항해에 나서기로 한 결심의 이면에 카나리아제도의 설탕 사업에 투자하고 있던 제노바인들의 후원이 있었다는 주장이 존재한다. 15세기 무렵부터 지중해 지역의 사탕수수 농업이 점차 쇠퇴하자 지중해산 설탕으로 막대한 부를 축적해 온 제노바 상인들이 새로운 공급지를 찾아 나섰고, 그 일환으로 콜럼버스에게 투자했을 가능성이 있다는 것이다. 물론 이런 이야기는 공식적으로 기록된 바 없는 추측일 뿐이지만, 그럼에도 불구하고 당시의 정황과 이익 구조를 고려하면 어느 정도 설득력 있는 주장이라고 생각한다.

그런데, 콜럼버스는 왜 고향인 제노바를 떠나 포르투갈에 살게 된 걸까? 심지어 왜 포르투갈 왕실이 아닌 스페인 왕실의 지원으로 신대륙 항해에 나서게 된 걸까? 처음에 콜럼버스는 포르투갈 국왕 마누엘 1세에게 지원을 요청했었다. 왜 인도로 향하는 항로 개척이 필요한지, 인도 항해에 성공하면 나라에 어떤 이득을 가져다 주는지 등을 제안서에 담아 왕을 알현했다. 그의 모험에는 왕의 지지가 절대적으로 필요했다. 자금 조달 문제도 있었거니와 항해 중 자신의 법적 지위 보장 문제, 군사적 안보 문제, 향후 이익금 분배 등 여러 이유로 국가 차원의 지원 없이는 결코 불가능한 모험이었기 때문이다.

그러나 마누엘 1세는 그의 제안을 거절했고, 콜럼버스는 포르투갈을 포기하고 카스티야 왕국과 아라곤 왕국(훗날 모두 스페인 왕국으로 통합된다)으로 눈을 돌렸다. 그러던 중 아라곤 왕실과 연이 닿아 있던 제노바 상인들의 도움으로 아라곤의 왕 페르난도 2세와 접촉할 수 있었는데, 페르난도 2세의 왕비이자 카스티야-레온 왕국의 여왕이 바로 이사벨 1세였다. 여왕은 아프리카 항로를 개척한 포르투갈이나 지중해 항로를 장악한 베네치아에 비해 카스티야의 부가 상대적으로 빈약하다는 점을 잘 알고 있었고, 아프리카나 지중해 외 '제3의 항로' 개척의 필요성을 강하게 느끼고 있었다. 이렇게 이사벨 여왕과 콜럼버스의 이해관계가 일치했기에, 콜럼버스의 계획이 곧 이사벨 여왕의 프로젝트가 될 수 있었던 것이다.

콜럼버스를 믿어 보기로 한 이사벨 여왕의 과감한 판단은 결국

이사벨 1세의 초상화. 아프리카 및 지중해를 넘어서는 '제3의 항로'를 모색하며 콜럼버스의 신대륙 항해를 후원했다. 여왕의 성공은 스페인을 당대 유럽 최고의 부국으로 만든 결정적 계기가 되었다.

옳았다. 덕분에 콜럼버스가 신대륙 항로 개척을 통해 얻은 모든 이권은 훗날 통합을 이룬 스페인 왕실로 돌아가게 되었고, 스페인은 당대 유럽 최고의 부국이 될 수 있었다.

한편, 콜럼버스가 가장 처음 당도했던 곳은 카리브해의 과나하니섬Guanahani(현재의 산살바도르섬)이라고 알려져 있다. 이사벨 여왕은 콜럼버스가 금을 가져다 주길 기대했는데, 콜럼버스는 후추를 원했다. 그렇기에 후추가 나는 인도로 가고자 했던 것이다. 그러나 이사벨 여왕의 기대도, 그의 기대도 결과적으로 무위로 끝났다. 콜럼버스가 도착한 곳은 진짜 인도가 아니었기 때문이다.

콜럼버스가 바랐던 인도와의 후추 무역은 얼마 후 포르투갈의 바스쿠 다가마가 선점하게 된다. 그러나 비록 금이나 후추를 얻지는 못했을지언정, 콜럼버스의 모험은 유럽 사회에 엄청난 변화를 가져왔다. 그가 유럽에 전래한 신대륙의 작물은 감자, 옥수수, 토마토, 담배, 카사바(마니옥 또는 만디오카라고도 불린다. 카사바의 뿌리에서 추출한 녹말이 바로 버블티에 들어가는 타피오카다. 현재 최대 생산국은 태국이다.) 등인데, 모두 오늘날 유럽뿐 아니라 전 세계인이 즐기는 것들이다.

제노바 출신임에도 타국의 여왕을 설득해 큰 지원을 받아 신항로 개척에 성공할 수 있었던 일 등, 콜럼버스를 둘러싼 여러 이야기는 이미 우리에게 너무나도 익숙하다. 그럼에도 여전히 나는, 역사상 실존 인물을 소재로 소설을 쓴다면 콜럼버스만한 인물이 없다고 여긴다. 지구가 둥글다는 사실을 믿고 계속 서쪽으로 나아가다 보면 언젠가 인도에 도달할 것이라는 확고한 신념과, 무엇이 있을지

콜럼버스의 항해는 유럽의 지리 인식뿐 아니라 식민 팽창과 설탕 산업의 흐름에도 중대한 전환점을 마련했다.

모르는 미지의 대서양을 반드시 건너겠다는 도전 정신을 바탕으로 폭풍과 각종 질병 등 수많은 어려움을 극복해 낸 그는 소설의 주인공이 될 충분한 자격이 있다. 물론 네 차례의 항해 끝에 겨우 도달한 땅이 인도라고 죽을 때까지 굳게 믿었던 그의 고집은, 지금의 기준으로는 다소 이해하기 어려울지도 모른다. 그러나 이는 당시 사람들의 지식과 세계관의 한계에서 비롯된 일일 것이다.

앞서 잠깐 언급했던 대로, 훗날 콜럼버스는 카나리아제도에서 가져온 사탕수수를 히스파니올라에 옮겨 심었다. 스스로 떠올린 아이디어였는지, 아니면 당시 설탕 산업에 몰두하고 있었던 카나리아의 제노바 상인들의 영향 때문인지는 확실하지 않다. 다만 정황상으로는 제노바인들이 콜럼버스를 종용했을 가능성이 있으리라 추측한다. 설탕은 많은 수익이 보장되는 상품이었고, 콜럼버스의 이야기를 통해 원주민 노동력이 싸고 풍부하다는 것을 인지하게 된 제노바 상인들이, 카나리아제도뿐 아니라 콜럼버스가 발견한 새로운 땅에도 생산기지를 마련하기 위해 콜럼버스를 설득하지 않았을까? 어떤 이유였든, 콜럼버스는 히스파니올라섬에 사탕수수를 심었다. 그리고 1501년 첫 번째 수확을 했다.

2장

문명을 넘나드는
달콤한 유혹

이슬람 문명사회와 암흑의 서구 사회

16세기 초 스페인과 포르투갈을 중심으로 대항해시대가 열리며, 사탕수수 플랜테이션과 노예 무역을 기반으로 유럽의 설탕 산업이 본격화되었다. 그러나 이슬람 문명권에서는 이미 그보다 훨씬 이전부터 사탕수수를 재배하고 설탕을 직접 생산해 왔다.

이슬람교 전승에 따르면, 이슬람교의 창시자 무함마드는 610년에 천사 가브리엘로부터 신의 계시를 받아 그의 아내 카디자에게 처음 계시 내용을 설파했다고 전해진다. 아내와 가족의 지지를 얻은 무함마드는 이후 본격적인 포교를 시작했으나 그 과정은 무척 험난했다. 622년에는 박해를 피해 신도들과 함께 메카에서 메디나로 피신하기에 이르렀지만(이를 헤지라 Hegira라고 한다), 메디나를 거점으로 메카의 군대와 여러 전투를 치르며 다시 세력을 키워 나간 무함마드는 결국 630년 메카 무혈입성에 성공하며 아라비아반도 전역에 이슬람교를 퍼뜨린다. 무함마드가 사망한 후 신도들은 그를 계승할 지도자인 칼리파Khalīfah를 선출했고, '성전Jihad(지하드)'이라는 명분 아래 적극적인 전쟁과 포교 활동을 벌이며 이슬람교를 아라비아반도 너머로 확산시켰다. 이슬람 세력은 동쪽으로는 페르시아와 인도 및 중앙아시아, 서쪽으로는 이집트, 리비아, 모로코에 이르기까지 돌풍처럼 빠르게 세력을 넓혀 갔다.

물론 당시 서아시아의 최강국은 동로마제국과 사산조 페르시아였다. 이 두 나라는 군사 강국이었을 뿐 아니라 문명의 수준 또한 매우 높은 강대국이자 선진국이었다. 아라비아사막 유목민 세력으로부터 발흥해 이제 막 힘을 키우기 시작한 이슬람 세력에게는 벅찬 상대들이었지만, 신앙심으로 무장한 그들은 기세를 몰아 기독교 국가인 동로마제국과 조로아스터교의 페르시아에도 자신들의 종교를 전파할 의지를 불태웠다.

먼저 페르시아로 진군했다. 인구 약 2000만 명 이상, 전성기 기준 국토 면적이 550만 제곱킬로미터에 달했던 초강대국 페르시아에 사막의 유목민들이 요란한 말발굽 소리를 내며 물밀듯 쳐들어갔다. 객관적으로 이슬람군은 페르시아군에 상대도 안 될 전력이었지만, 놀랍게도 637년에 사산조 페르시아의 수도인 크테시폰을 결국 함락시켰다. 무함마드 사후 5년밖에 지나지 않은 때로, 우마르 이븐 알하타브Umar ibn al-Khattāb가 2대 칼리파로서 이슬람 세력을 이끌던 시기였다.

우마르 이븐 알하타브 | 무함마드와 그를 둘러싼 정통 칼리파들을 묘사한 그림. 아래 줄 왼쪽 인물이 2대 칼리파 우마르 이븐 알하타브다. 그는 무함마드 사후 이슬람 제국의 영토를 비약적으로 확장시켰다.

우마르는 무함마드가 메카에 있던 시절에는 이슬람 세력에 강하게 반발하여 심지어 무함마드를 죽이려고 했던 인물이었으나, 누이동생을 통해 이슬람 경전을 접한 후 그에 감복하여 개종했다고 전해진다. 이후 무함마드의 절대 심복이 되었고, 무함마드 사후 1대 칼리파 아부 바크르의 뒤를 이어 2대 칼리파로 선출되었다. 용맹한 기질을 타고났던 그는 앞서 동로마가 지배하고 있었던 시리아, 이집트, 팔레스타인을 정복했는데, 이를 넘어 당대 최강의 국력을 자랑하던 사산조 페르시아까지 멸망시킨 것이다. 이후 아프가니스탄 지역, 북인도, 중앙아시아 지역까지 복속시킨 이슬람 세력은 페르시아나 인도의 선진 문물을 흡수할 수 있었는데, 사탕수수를 가공해 설탕으로 만드는 기술도 그때 이슬람에 전파되었다.

한편, 641년에는 홍해를 건너 이집트의 도시 알렉산드리아를 함락시키며 이집트까지 완전히 정복했고, 지금의 리비아까지 진출했다. 이슬람 세력은 곧 이집트의 기후와 토양이 사탕수수 재배에 적합하다는 사실을 깨달았고, 이집트 지역은 이슬람 설탕 생산의 중심지가 되었다.

이슬람이 이렇게 세력을 확장하며 찬란한 문명을 꽃피우는 동안, 유럽은 서로마제국 멸망 후 문맹률이 높아지고 상업이 쇠퇴하는 등 한동안 분열과 침체를 겪었다. 인도인, 중국인, 페르시아인과 이슬람 세력이 인도양과 태평양을 가로지르며 활발히 교류하는 사이, 유럽인은 대서양을 건너는 장거리 항해에 소극적이었다. 대서양 너머의 세계에 대한 정보가 부족했기 때문에 바다 끝에 무엇이 있는지 있는지 다양한 상상과 추측만이 난무할 뿐이었다. 타 문명과의 교류가 적었던 만큼 이미 인도나 중국, 이슬람 문명권에서는 즐겨 사용하고 있던 각종 향신료, 그리고 설탕이 유럽에서는 상류층조차 쉽게 접할 수 없는 귀한 사치품이었다.

십자군, '단 맛이 나는 갈대'를 만나다

유럽인이 본격적으로 설탕을 접할 수 있게 된 중요한 계기는 바로 11세기 십자군 전쟁이다. 외세의 빈번한 공격에 시달리던 동로마제국의 황제 알렉시오스 1세는 아나톨리아 지역의 이슬람 국가였던 셀주크튀르크의 침략을 함께 막아달라고 서로마 교황청에 요청했다. 이에 1095년, 교황 우르바노 2세가 클레르몽 공의회에서 십자군 원정을 선포함으로써 기독교 세계와 이슬람 세계의 거대한 충돌이 시작되었다. '성지(예루살렘) 탈환'을 내걸고 나선 1095~1099년의 1차 십자군 원정을 시작으로, 170년 동안 무려 아홉 차례의 원정이 있었다. 실로 기나긴 전쟁이었다.

십자군 원정에는 잉글랜드인, 프랑스인, 네덜란드인, 독일인, 덴마크인, 스웨덴인 등 당시 유럽 전역의 다양한 민족과 국가들이 대거 참여했다. 이렇게 유럽 곳곳에서 모인 병사들로 이루어진 십자군에게 이교도의 문명은 무척 생소했다. 당시엔 이슬람 문명의 수준이 유럽보다 훨씬 앞서 있었으니 그야말로 '문화 충격'을 받았을 것이다. 십자군을 놀라게 한 것 중에는 유럽 땅에는 없었던 신기한 작물, '꿀맛이 나는 갈대'도 있었다. 바로 사탕수수였다.

    십자군 병사들은 그 '달콤한 갈대'에 금세 매료되어, 토막을 씹고 또 씹으며 다녔다. 이슬람 세계와 지리적으로 그리 멀지 않았던 베네치아인들은 고향으로 돌아갈 때 사탕수수를 가져다가, 그들이 상권을 장악하고 있던 지중해 동부의 키프로스섬에 옮겨 심었다. 그때만 해도, 자신들이 '벌bee 없이도 얻을 수 있는 꿀'인 설탕의 존재를 알게 된 일이 훗날 인류 역사를 바꿀 정도로 큰 사건이 될 줄은 전혀 몰랐을 것이다.

십자군 원정대 | 1096년, 제1차 십자군의 첫 물결인 '민중 십자군'을 이끌고 동진하는 수도사의 모습.

태초에 설탕은 어디에서 왔는가

카리브해 일대와 아메리카 대륙은 유럽으로부터, 유럽은 이슬람 세계로부터, 이슬람은 페르시아로부터 설탕을 처음 접했다. 그렇다면, 사탕수수를 가공하면 설탕을 얻을 수 있다는 사실을 가장 처음 발견한 사람들은 누구일까? 바로 인도인이다. 기원전 326년경, 마케도니아의 알렉산드로스 3세(알렉산더 대왕)는 동쪽으로 정복 전쟁을 벌이고 있었다. 이 동방 원정에 함께 한 해군 장교 네아르코스 Nearchos는 인더스강을 따라 페르시아만으로 내려가는 동안 직접 본 다양한 동식물이나 자연환경에 대해 여러 상세한 기록을 남겼는데, 그중에는 강가에서 재배되고 있던 '벌 없이 꿀을 내는 갈대', 사탕수수에 대한 기록도 있다. 사탕수수가 얼마나 신기했으면 이를 기록으로 남겼을까?

인도에는 기원전 4세기 이전부터 사탕수수를 재배해 설탕을 얻는 기술이 존재했다. 기원전 1000년~800년 사이에 형성된 것으로 알려진 힌두교 경전 아타르바베다Atharvaveda에는 설탕이 주술이나 종교적 의식에 공물로 쓰였음을 추측할 수 있는 기록이 있고, 사탕수수로 만든 궁수의 활에 관한 이야기도 있다.

설탕을 뜻하는 영어 'sugar'와 사탕을 가리키는 'candy'도 고대 인도로부터 그 어원을 찾을 수 있다. 고대 산스크리트어로 설탕을 샤르카라sharkara라고 불렀다. 샤르카라는 본래 자갈이나 모래를 뜻하는데, 사탕수수즙을 끓여 정제한 설탕이 마치 모래알 같았기 때문에 붙은 이름이다. 샤르카라는 페르시아로 전해지며 페르시아어인 샤카르shaker가 되었다가, 이슬람에서는 아라비아어인 슈카르sukkar가 되었고

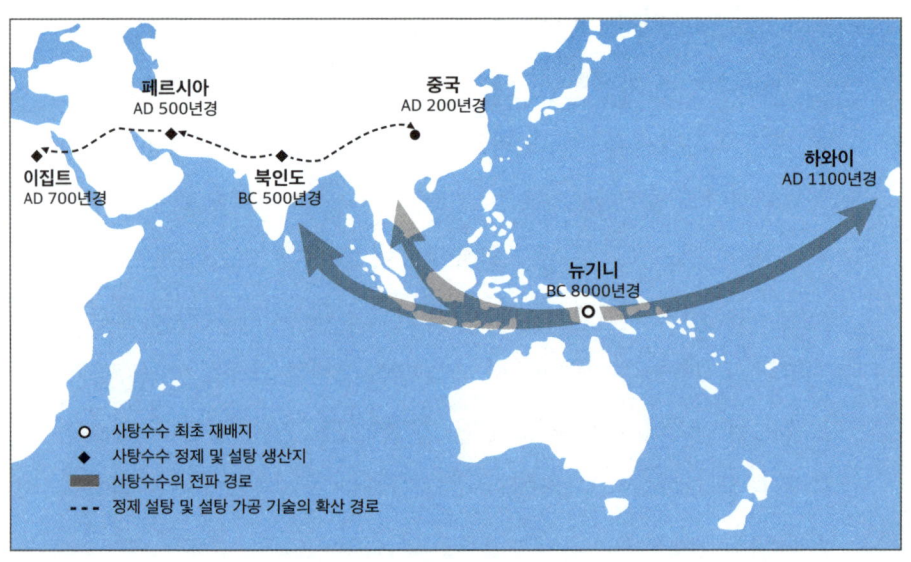

사탕수수와 정제당의 확산 시기 및 경로.

이 영향으로 영어의 '슈거sugar'가 탄생했다. 또한 '설탕 조각'을 산스크리트어로 칸다khanda라고 불렀는데, 이로부터 영어의 '캔디'가 생겨난 것이다. 설탕은 명실상부 고대 인도인들의 '발명품'이다.

 설탕을 처음 만들기 시작한 곳이 인도라면, 사탕수수를 맨 처음 경작한 곳은 어디일까? 연구자들은 기원전 8000년경 태평양의 뉴기니섬에서 사탕수수 재배가 시작되었다고 본다. 이후 뉴기니 근처의 섬을 시작으로 사탕수수는 전 세계로 퍼져 나갔다. 기원전 500년경에는 인도 벵골 연안에서 재배되기 시작했고, 페르시아와 이슬람을 거쳐 유럽인에게도 사탕수수가 알려지게 되었다.

3장

플랜테이션과 흑인 노예의 눈물

식민 경제의 핵심, 플랜테이션

'플랜테이션'이라는 농업 시스템은 우리에게 다소 생소한 개념이다. 플랜테이션은 단순히 대규모 경작만을 뜻하는 게 아니라, 식민지를 거느린 국가가 자국이 아닌 식민지 영토에서 상품성 작물을 대규모로 재배해 수익을 올리는 시스템 전반을 의미한다. 이때 원주민 노동력을 헐값에 착취하거나 외부에서 노예를 들여와 동원하는 것이 일반적이다. 정리하면, ① 식량이 아닌 상품 작물을 ② 자국이 아닌 식민지에서 수출용으로 재배하며 ③ 식민지 원주민이나 노예를 값싼 노동력으로 활용하는 대규모 농업 생산 시스템인 것이다. 즉, 플랜테이션은 열강의 식민 지배와 착취를 전제로 한다.

우리에게 플랜테이션이 생소한 것도 바로 이 점 때문인데, 한민족은 직접적인 식민지 경영의 주체였던 적이 없기 때문이다. 일제강점기에 일본인 지주가 조선에 대규모 농장을 조성하는 경우가 있기는 했지만, 일제는 상품 작물이 아니라 식량 작물인 쌀을 주로 생산해 일본으로 반출했으며, 농민이 지주에게 일정 소작료를 납부하고 땅을 빌려 농사를 짓는 형태인 소작제를 통해 운영되었다는 점에서 플랜테이션과는 차이가 있다.

역사적으로 플랜테이션 시스템 하에서 생산된 작물은 미국의 경우 담배와 목화였다. 영국은 인도와 스리랑카에서 차를, 말레이시아에서는 고무를 생산했다. 카리브해와 브라질은 앞서 이야기 해왔던 것처럼 사탕수수였다. 이들 사탕수수 농장에는 주로 아프리카 노예가 동원되었고, 미국의 목화 플랜테이션도 마찬가지였다. 말레이시아 고무 농장에는 중국과 인도 출신 노동자(쿨리coolie), 스리랑

18세기 안틸레스제도 사탕수수 플랜테이션 농장의 풍경을 묘사한 그림. 그림은 목가적인 분위기로 표현되었지만, 플랜테이션은 식민 착취를 수반하는 농업 시스템이다.

카 차밭에는 남인도에서 강제로 이주되어 온 타밀Tamil족 노동자가 주로 투입되었다. 또한 20세기 초 하와이의 사탕수수밭은 인도, 중국, 일본 그리고 조선에서 온 이민 노동자들이 플랜테이션의 주요 노동력이었다.

노동력을 착취하여 대규모로 단일 작물을 재배해, 주로 수출을 통해 수익을 얻는 이러한 시스템은 15~16세기 유럽의 식민지 개척과 함께 대서양 연안의 섬들을 중심으로 먼저 확산되기 시작했다. 이후 17세기 초 영국 식민지 버지니아에서 '플랜테이션'이라는 용어가 처음 등장해 '정착지' '농장' 등의 의미로 쓰이며, 차츰 현대적 의미의 플랜테이션 시스템이 자리 잡게 되었다. 영국은 본국에서 버지니아로 정착민을 데려오기 위해 여러 방법을 고민했는데, 영국 왕 제임스 1세는 유인책으로 이주민들에게 50에이커의 토지를 제공하겠다고 약속하기도 했다. 이와 유사한 상황은 1992년쯤 상영된 영화 〈파 앤드 어웨이Far and Away〉에서도 묘사된다. 톰 크루즈와 니콜 키드먼이 출연한 영화로, 아일랜드 출신 이민자 부부가 미국 서부로 이동해 오클라호마에서 땅을 분배받는 과정을 그린다. 영화에서는 말을 타고 넓은 들판에 줄지어 서 있다가 출발 신호와 함께 뛰어나가 원하는 땅에 깃발을 꽂으면, 그 땅이 곧 자신의 소유가 되는 상황이 그려진다. 영화의 배경지는 오클라호마이지만, 영국인이 막 이주해 정착하기 시작한 초창기 버지니아의 모습 또한 이와 크게 다르지 않았을 것이다.

버지니아는 노예 해방을 둘러싸고 북부와 전쟁을 치른 역사가 있고, 그 배경에는 물론 버지니아주의 플랜테이션 농장이 있다. 버지니아에서는 땅을 할당받은 초기 이주민 100명이 협력해 엄청난 규모의 토지를 공동으로 소유하고 자치 사회를 조직하며 농사를 시작했다. 자연히 이윤을 극대화할 수 있는 작물인 담배와 목화를 중심으로 플랜테이션 시스템 농장이 운영되었고, 이에 따라 필요한 인력을 자체적으로 감당하기 어려워지자 노예 노동에 의존하게 된 것이다.

플랜테이션 농장에서는 노예든 임금을 받는 계약 노동자든, 맡은 일을 성실히 수행하는지, 게으름을 피우거나 일을 회피하지는 않는지 늘 철저한 감시를 받으며 일해야 했다. 이러한 관리 감독 역할을 맡은 사람을 '오버시어overseer(감시자)'라고 불렀다. 보통 말을 타고 작업장을 순회하며 채찍과 고함으로 노동을 독려하거나 처벌을 내렸는데, 노예에게 그들은 지옥의 사자와도 같았다.

사탕수수밭으로 끌려간 아프리카 흑인

카리브해에서 두 번째로 큰 섬인 히스파니올라섬은 현재 두 개의 나라로 나뉘어 있다. 섬의 서쪽은 아이티 공화국, 동쪽은 도미니카 공화국이다. 같은 섬에 자리하고 있지만 아이티의 공용어는 아이티어와 프랑스어, 도미니카의 공용어는 스페인어다. 이는 두 나라가 과거 각각 프랑스와 스페인의 식민 지배를 받았기 때문이다. 한 섬 안에서도 서로 다른 문화와 언어로 나뉘게 된 히스파니올라섬의 역사는, 아메리카의 운명이 어떻게 유럽 열강의 손에 의해 결정되어 왔는지를 잘 보여 준다. 이 히스파니올라섬 이야기는 뒤에서 더 자세히 다룰 것이다.

현재 아이티 인구의 약 95퍼센트는 아프리카계 흑인이며, 도미니카는 아프리카계 흑인이 11퍼센트, 유럽계와 아프리카계의 혼혈이

73퍼센트를 차지한다. 이들 대부분은 사탕수수 농장 노동력으로 아프리카에서 끌려온 흑인 노예들의 후손이다. 유럽인에 의해 히스파니올라섬에 강제 이주된 노예들은 시간이 지나며 그 수가 점점 늘어, 결국 섬 원주민을 밀어냈다. 설탕 산업과 식민 플랜테이션이 한 섬의 인구 구성까지 바꾼 것이다.

특히 프랑스의 식민지였던 히스파니올라섬 서부 생도맹그 지역은 사탕수수를 재배하던 카리브해의 여러 섬 가운데서도 대규모 플랜테이션이 집중된 곳이었다. 이 밖에도 영국 식민지였던 바베이도스와 자메이카에서 사탕수수 재배가 활발히 이루어졌다. 이렇게 카리브해에서 플랜테이션이 성행하며 이전까지는 극소수의 상류층만 겨우 접할 수 있었던 설탕의 생산량이 급격하게 증가했고, 차와 커피의 인기 또한 높아지며 유럽 내 설탕 수요는 나날이 커져만 갔다. 문제는 노동력이었다. 설탕을 원활히 생산하려면 비옥한 평지, 열대기후, 사탕수수즙을 끓이기 위해 필요한 많은 양의 장작, 편리한 운송 시스템, 무엇보다 충분한 인력이 필요했다. 카리브해 섬들은 대부분의 조건을 갖추고 있었지만 노동력이 크게 부족했다. 결국 필요한 것은 인력 조달이었다.

포르투갈은 일찍이 마데이라제도와 아소르스제도 같은 식민지에서 사탕수수를 재배하며 아프리카 흑인을 노예로 부려 본 경험이 있었고, 이를 통해 유럽인들은 아프리카 흑인들이 원주민보다 체력이 좋고 노동 생산성이 뛰어나다는 사실을 이미 알고 있었다. 특히 섬의 원주민들은 유럽인이 퍼뜨린 병원균에 면역이 거의 없어 각종 전염병에 매우 취약했다. 실제로 유럽인이 아메리카에 발을 들인 지 반세기도 지나지 않아, 원주민 인구는 거의 전멸에 가까울 정도로 감소할 정도였다.

이렇게 흑인 노예를 동원해 사탕수수를 경작하는 방식은 포르투갈에서 시작되어 점차 영국, 프랑스, 스페인으로 확산되었으며 훗날 미국의 흑인 노예제에도 직접적인 영향을 주게 된다. 1519년에서 1867년까지 노예선에 실려 대서양을 건넌 아프리카 흑인은 무려 1250만 명 가량으로 추정된다. 이 중 배에서 약 15퍼센트가 사망했고, 최종적으로 1070만 명의 흑인 노예가 카리브해와 아메리카 대륙에 도착했다. 인류 역사상 이보다 더 큰 규모의 강제 이주는 없었다.

영국의 해적왕과
자메이카의 육상 영웅

카리브해에서 사탕수수 플랜테이션과 설탕 산업으로 돈을 벌었던 대표적인 유럽 국가는 영국과 프랑스였다. 그 무렵엔 네덜란드도 카리브해의 여러 섬을 통해 설탕을 생산했지만 영국과 프랑스에 비할 만한 규모는 아니었다. 일찍이 설탕 산업에 뛰어들었던 포르투갈은 브라질에 대규모 플랜테이션을 이루고 있었다.

한편, 스페인은 금이나 은 같은 현금성 재물을 찾는 데 몰두했고 플랜테이션에는 별다른 관심이 없었는데, 이와 관련해 잘 알려진 인물로는 에르난 코르테스 Hernán Cortés 가 있다. 코르테스는 지금의 멕시코 일대에 존재했던 아즈텍 제국을 정복하고 많은 원주민을 잔인하게 학살했으며, 신전과 궁전에서 황금을 약탈해 본국인 스페인으로 반출했다. 프랑스, 영국, 네덜란드의 해적들은 값진 보물을 싣고 대서양을 건너는 스페인 선박을 노리며 바다를 누볐는데, '카리브의 해적'이 바로 이들을 가리킨다.

영국에서 해군 영웅으로 추앙받는 프랜시스 드레이크Francis Drake도 본래 카리브해에서 활동하던 해적이었다. 그는 최초로 세계 일주에 성공한 마젤란 이후, 태평양과 인도양을 건너 희망봉을 돌아 인류 역사상 두 번째로 세계 일주에 성공한 인물이다. 해적 활동으로 갈취한 보물의 대부분을 엘리자베스 1세 여왕에게 바쳤으며, 여왕의 무한한 신뢰를 얻어 해적 출신으로는 이례적으로 영국 해군 장교로 임명되기도 했다. 그러나 계속되는 노략질과 이에 대한 엘리자베스 1세의 묵인은 당연히 외교적 마찰을 일으켰다. 훗날 드레이크

프랜시스 드레이크는 영국에서는 해군 영웅으로 추앙받지만, 해적 출신으로 수많은 약탈을 자행한 인물이기도 하다.

는 스페인 해군과 전투를 치르다 카리브해 위에서 불명예스러운 죽음을 맞게 된다.

지금의 기준으로 보면 프랜시스 드레이크는 해적 출신의 흉악한 범죄자이자 비윤리적인 인물이다. 그럼에도 불구하고 세계 일주를 해낸 그의 모험심과 유능함, 해적에서 고급 장교가 된 파란만장했던 삶이 많은 이들에게 매력적으로 다가오는 모양이다. 해적을 주요 소재로 하는 소설이나 영화, 게임 등의 상당수가 프랜시스 드레이크로부터 영감을 받은 것으로 알려져 있고, 영국인에게 역사상 가장 존경할 만한 인물을 꼽으라고 하면 드레이크가 늘 순위에 오른다고 하니 말이다.

영국은 1625년에 카리브해의 섬인 바베이도스를 정복하고 1665년 본래 스페인령이었던 자메이카를 탈취했다. 영국이 식민지에 조성한 사탕수수 플랜테이션 중에서 가장 큰 규모로 운영되었던 곳이 바로 이 두 섬이다. 바베이도스는 전라남도의 섬인 진도와 크기가 비슷한 431제곱킬로미터의 작은 땅이지만, 한때 카리브해 최대의 '설탕 기지'였다. 경작이 가능한 땅 대부분을 사탕수수 플랜테이션에 이용했고, 집중적으로 노동력을 동원했기에 가능한 일이었다. 1701년에서 1810년까지 100여 년 동안 작은 섬 바베이도스로 유입된 노예의 수가 25만 2500명에 달했다고 한다. 자메이카로는 66만 2400여 명에 달하는 흑인 노예가 유입되었다.

우사인 볼트, 일레인 톰슨, 세리카 잭슨 등 오늘날 세계 단거리 육상에서 뛰어난 성적을 거두고 있는 자메이카 선수들의 경기를 보며, 나는 종종 사탕수수밭에서 혹사당했을 그들의 선조들을 떠올리곤 한다. 해적기海賊旗를 나부끼며 바다를 누빈 영국의 프랜시스 드레이크와 두 다리로 트랙 위를 질주하는 자메이카의 육상 선수들, 과연 '진짜 영웅'은 누구일까?

비참했던 흑인 노예의 삶

유럽인에 의해 팔려 온 흑인 노예들은 사탕수수 농장에서 온갖 노동을 떠맡아야 했다. 이들의 노동이 얼마나 고되었는지 이해하려면 먼저 설탕이 어떻게 만들어지는지를 알아야 한다.

나는 예전에 파키스탄 중북부 지방의 도시 오카라에서 설탕 제조 과정을 직접 본 적이 있다. 당시 내가 방문한 공장의 설비는 다소 낙후되어 있었지만, 당연히 노예 시대에 비할 바는 아니었다. 모든 공정은 전기 제어 장치로 통제되었고, 여러 개의 보일러를 단계별로 연결해 사탕수수즙을 가열하고 정제하는 시스템이었다. 이곳에서 설탕이 만들어지는 과정을 요약하면, 사탕수수에서 즙을 짜내 끓이고 불순물을 제거한 뒤 흰 가루 형태의 설탕으로 만들어 내는 것이었다.

하지만 수백 년 전 흑인 노예들은 기초적인 설비조차 없이 맨몸으로 모든 과정을 해내야 했다. 척박한 땅을 직접 개간하는 일부터 시작했는데, 쟁기와 곡괭이로 땅을 일구는 것부터 사탕수수 모종을 심을 구멍을 파는 일까지 손수 해야 했다. 시간당 28개의 구멍을 파지 못하면 말을 탄 감독관이 곧바로 채찍을 휘둘렀다.

또한 수확까지는 총 세 차례의 김매기(잡초 제거)를 거쳤는데, 이 작업이 가장 고되고 위험했다고 한다. 모은 잡초를 불태울 때 자칫 잘못해 작은 불씨라도 사탕수수밭에 옮겨 붙으면 온 경작지가 불타 버릴 수 있었다. 수개월간 혹사당하며 기른 사탕수수를 잃는 건 물론이고, 실수한 노예 또한 죽음을 면치 못했다.

수확기가 되면 키가 3미터 이상으로 자란 수숫대를 일일이 손으로 베어 냈다. 수숫대는 지역에 따라 7미터까지 자라는 경우도 있었다. 수확한 수숫대는 일정량을 모아 단으로 묶었는데, 노예 두 명이 하루에 4200개의 단을 묶었다고 한다. 이 작업에는 여성과 어린아이들까지 동원되었다. 게다가 수확한 수수는 금세 말라 빠르게 즙을 짜야 했기에 노예들은 조금도 쉴 틈이 없었다. 수수즙을 짜내는 롤러 작업도 위험했다. 롤러에 손이나 팔이 말려 들어가 절단되는 사고가 비일비재했다.

사탕수수즙을 끓이기 위한 장작을 모으는 일도 고되긴 마찬가지였다. 노예들은 트럭도 전기톱도 없는 시대에 밀림으로 나가 장작을 패고, 무거운 땔감을 직접 어깨에 지고 옮겼다. 화덕 앞에 서서 끊임없이 장작을 넣고 불을 지피는 일도 노예의 몫이었다. 숨 막히는 열

1942년에 촬영된 푸에르토리코 과니카 근처의 사탕수수밭에서 일하는 노동자의 모습. 사탕수수는 수확기가 되면 사람의 키를 훌쩍 뛰어넘는 엄청난 높이로 자란다.

대 기후 속에서 그 또한 고된 일이었을 것이다. 땅을 일구고, 수수를 심고, 김을 매고, 수확하고, 불을 지피고, 짜낸 즙을 끓여 설탕을 만들기까지, 끝도 없이 쳇바퀴 같은 노동이 반복되었다. 사탕수수밭 노예의 삶은 말 그대로 '지옥'이었다.

올라우다 에퀴아노Olaudah Equiano라는 인물이 있다. 그는 11세 때 아프리카에서 납치되어 바베이도스로 끌려왔다. 이후 영국 해군 장교에게 팔려 시종으로 일했는데, 틈틈이 글을 익히며 노예제의 부당함을 깨달아 갔다. 그는 이후에도 두 차례 더 팔렸지만, 끝내 돈을 모아 40파운드로 자신의 자유를 샀고 이후 노예제 폐지 운동에 앞장서며 자서전을 남긴 전설적인 인물이 되었다. 그가 남긴 글 중에는 이런 대목이 있다.

노예 출신의 올라우다 에퀴아노는 자유를 얻은 뒤 자서전을 통해 노예제의 잔혹한 실상을 생생한 기록으로 남겼고, 영국과 유럽의 노예제 폐지 운동에 큰 영향을 미쳤다.

"우리는 곧장 그 장사꾼의 집 마당으로 끌려간 후, 가축처럼 울타리 안에 감금되었다. 북소리가 울리자 노예 구매자들이 마당으로 몰려들었다. 그리고 우리를 손가락으로 가리키며 무리를 나눈 뒤 그대로 사 갔다."

나는 직접 본 파키스탄의 설탕 공장과 올라우다가 남긴 몇 줄의 기록을 통해 흑인 노예의 삶을 겨우 짐작해 볼 뿐이다. 하지만 이름 없이 사라져 간 수천만 노예들이 감당해야 했던 현실은, 내 모든 짐작과는 비교할 수 없을 만큼 비참했을 것이다.

어느 노예 감독관이 남긴 끔찍한 기록

카리브해로 팔려 간 흑인 노예들이 얼마나 비참한 대우를 받았는지 더 자세히 엿볼 수 있는 기록이 있다. 토머스 티슬우드Thomas Thistlewood는 1721년에 영국에서 농부의 아들로 태어나 30세가 되던 해에 자메이카 플랜테이션 감독관으로 고용되었다. 그는 감독관으로 일하는 동안 무려 1만 4000페이지에 달하는 상세한 기록을 남겼는데, 그가 관리했던 농장 노예와의 일들이나 그가 소유했던 식재 농장食材農場의 노예 이야기가 기록되어 있는 귀중한 사료다. 그 내용은 무척이나 끔찍한데, 티슬우드가 직접 노예에게 행했던 잔혹한 학대, 수많은 흑인 여성 노예를 강간했던 일, 도망치다 붙잡힌 노예에 대한 비인간적 처벌 등이 상세히 적혀 있다.

그는 영국의 링컨셔Lincolnshire 주에서 태어나 요크셔의 학교에서 수학과 실용 과학을 공부한 뒤, 다시 고향으로 돌아와 농사일을 거들었다. 그러다 25세 무렵 동인도회사에 취직하며 원양 항해선을 타게 된다. 2년 정도 배를 타는 동안 카리브해의 플랜테이션에 대해 알게 되어 그곳으로 가겠다는 꿈을 품었고, 결국 1751년에 영국의 서인도제도 식민지 자메이카로 떠났다. 누구의 추천서도 가지고 가지 않았다고 하니 대책 없이 무작정 나선 듯하다. 그는 돈벌이가 좋은 플랜테이션 농장에서 일하기를 바랐지만, 처음에는 취직이 잘 되지 않아 채소나 육류 등 식자재를 생산하는 농장에서 일했다. 그렇게 기회를 엿보다 드디어 자메이카 서쪽 끝에 있는 '이집트'라는 이름의 사탕수수 농장에서 노예 감독관 일자리를 얻게 되었다. 부지가 무려 1500에이커(약 190만 평)나 되는 넓은 농장이었지만 대부분이 늪이어서, 전체 부지 중 약 10퍼센트 정도의 땅에서만 사탕수수를 재배하던 농장이었다.

그는 일을 시작한 지 얼마 지나지 않아 여성 노예들을 강간하기 시작했다. 그가 남긴 기록에는 강간 횟수가 3825회, 자신이 유린한 여성 노예의 수는 138명이라고 적혀 있다. 또한 도망치려는 노예에게는 가차 없이 매질을 가했고, 목에 쇠사슬 목줄을 걸어 밭 가운데 파놓은 갱 속에 가두었다. 심지어 그는 스스로 '더비의 약 Derby's dose'이라고 이름 붙인 고문을 고안하기도 했다. 도망을 시도한 노예를 붙잡아 심하게 채찍질한 후 상처 부위에 라임즙을 발라 문지른 뒤, 다른 노예의 배설물을 도망자의 입에 집어넣고 입을 틀어막아 수시간 동안 방치하는 끔찍한 고문이었다.

티슬우드가 노예를 얼마나 잔혹하게 대했는지, 그가 직접 남긴 기록 몇 가지를 소개한다.

· 1753년 어느 날, 농장의 노예 몇 명이 농작물을 훔침. 올리버 쿼드는 사형에 처할 것. 포춘 쿼드는 두 귀와 코를 자르고 두 뺨에 문신을 새길 것. 체다는 오른쪽 귀와 오른쪽 콧구멍을 자르고 왼쪽 뺨에 문신을 새길 것.

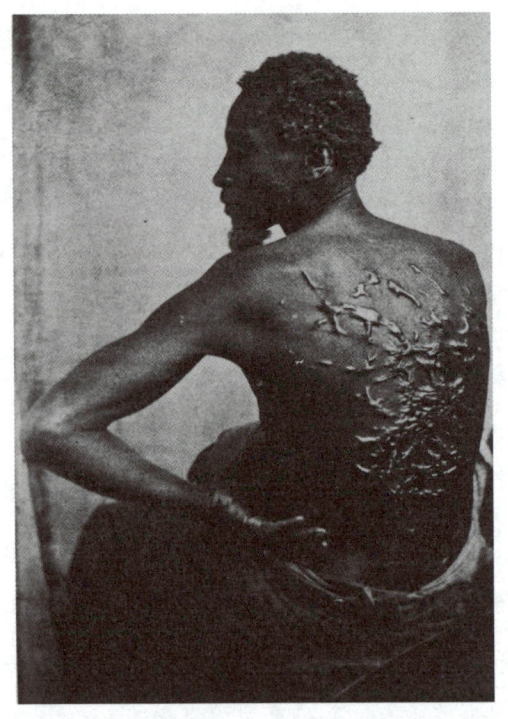

수많은 흑인 노예들이 죽음에 이를 때까지 고된 노동과 가혹한 학대에 시달려야 했다. 이 사진은 1863년 '고든' 또는 '피터'로 알려진 남성의 등을 촬영한 것이다. 그의 등에는 노예 시절 당한 채찍질로 생긴 깊은 흉터가 선명히 남아 있었다. 이 사진은 남북전쟁 당시 미국 사회에 노예제 폐지 여론을 형성하는 데 결정적인 역할을 했다.

- 1771년 어느 날, 프레이저 벡이라는 노예가 다수의 노예를 초대해 식사를 제공함. 벡은 그에 대한 처벌로 귀가 잘렸고, 39대의 채찍질을 두 차례 받음.
- 1756년 어느 날, 해즈맷이라는 노예가 도망치다 붙잡힘. 양발을 족쇄에 채우고, 손을 묶고, 입에 재갈을 물린 채 발가벗겨 당밀을 온몸에 바른 뒤 낮에는 파리, 밤에는 모기떼에 노출시킴.
- 1756년 어느 날, 더비라는 노예가 사탕수수를 먹어 채찍질함. 그리고 헥터와 이집트라는 다른 노예가 더비의 입에 배변을 보게 한 뒤, 입에 재갈을 물려 수시간 동안 그대로 있게 함.

토머스 티슬우드는 왜 스스로 그가 행했던 이 잔혹한 일들을 자세히 기록했을까? 평범한 사람으로서는 도무지 이해하기 힘들지만 한 가지 확실한 점이 있다. 그는 노예를 학대하면서도 아무런 죄의식을 갖지 않았다는 것이다. 오히려 자신이 이렇게나 '훌륭하게' 노예를 관리했다며 자랑스러워했던 게 아닐까? 뉴질랜드의 역사학자인 트레버 버나드Trevor Burnard는 티슬우드를 가리켜 '잔인한 반사회적 인격 장애인'이라고 칭하기도 했다. 그러나 티슬우드만 특별히 잔혹했던 것으로 보기는 어렵다는 게 역사학자들의 지배적인 평이다. 흑인 노예를 부린 다른 플랜테이션 농장의 백인 관리자들 또한 티슬우드와 별반 다르지 않게 행동했기 때문이다.

노예를 이렇게 다루었으니 자연히 사망률이 높고 출산율은 낮을 수밖에 없었고, 죽어 나가는 노예를 대체하기 위해 끊임없이 새로운 노예를 들여와야 했다. 기록에 의하면 당시 카리브해 섬들로 들어오는 노예의 3분의 1이 영국 배에 실려 자메이카로 왔다고 한다.

티슬우드에 관해 또 한 가지 이해하기 힘든 사실은, 그의 곁에는 '피바 Phibbah'라고 하는 여성 노예가 있었으며 티슬우드는 그녀를 공식적으로 '동반자' 또는 '아내'로 대우했다는 것이다. 둘 사이에는 '존'이라는 아들도 있었다. 티슬우드는 존에게 높은 수준의 교육을 시켜 주기 위해 부단히 노력했으나, 존은 청년기에 원인을 알 수 없는 병으로 사망했다고 전해진다.

영원히 번영할 것 같던 티슬우드의 농장은 1780년에 허리케인으로 큰 피해를 입게 된다. 먹을 것이 더욱 부족해진 노예들은 영양실조로 고생했고, 배고픔을 못 이긴 노예가 몰래 농장 작물을 먹다가 티슬우드에게 들켜 매질을 당하는 일도 잦아졌다. 농장의 상황은 날이 갈수록 악화되었지만 티슬우드는 아랑곳하지 않고 백인 손님들을 초대해 파티를 즐겼다. 1786년, 그는 3000파운드(현재 가치로 약 25만 파운드)의 돈과 34명의 노예를 남기고 자신의 농장에서 65세의 나이로 사망했다.

4장

채찍 아래에서
함께 이룬
흑인 노예 공동체

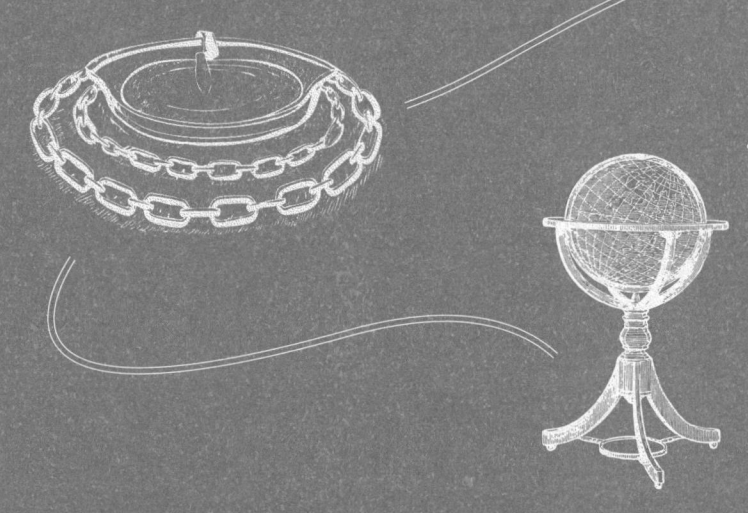

아프리카 흑인, 노예에서 전사로 거듭나다

1494년 콜럼버스가 자메이카를 발견한 이후 스페인은 1655년까지 섬을 지배하며 원주민들을 노예로 삼았다. 이전까지는 아라와크Arawak족과 타이노Taino족이 섬의 해안가에 200여 개의 마을을 형성하며 평화롭게 살고 있었으나, 금과 은을 찾는 데 혈안이었던 스페인 정복자들은 원주민을 노예로 동원하며 그들의 평화로운 삶을 파괴했다. 게다가 다른 아메리카 지역 원주민들과 마찬가지로, 자메이카의 원주민 또한 유럽인들이 섬에 들어오며 퍼뜨린 병원균에 아무런 면역이 없었기에 많은 원주민이 속수무책으로 죽어 나갔다. 원하는 만큼의 노동력을 원주민으로부터 착취하지 못하자 스페인은 아프리카에서 흑인 노예를 들여왔다. 그런데 이 노예들이 점차 도망을 치기 시작했다. 배에서 내리자마자 도망치는 경우도 있었고,

도망친 흑인 노예들로 구성된 마룬 공동체의 중심지였던
트렐로니 타운을 묘사한 1801년 작 판화.

노예로 일하던 중 삼엄한 감시를 뚫고 도망치기도 했다. 도망친 노예들은 섬의 산악 지대로 숨어들어가 함께 모여 살며 공동체를 이루었고, 이 과정에서 섬의 원주민들과 함께 섞여 살기도 했다. 이렇게 도망친 흑인 노예들을 중심으로 형성된 공동체를 마룬Maroons이라고 한다.

　마룬은 숲속 땅을 개간하고 농사를 지으며 자유인으로 살았다. 한편 1655년 영국이 자메이카를 영국령으로 귀속시키자 자메이카에 살던 스페인들은 근처 쿠바나 히스파니올라 또는 스페인령 북아메리카 등지로 도망쳤는데, 이때 스페인들이 남기고 간 노예들도 산으로 숨어들어가 이미 형성되어 있던 마룬에 자연스럽게 합류했다.

섬의 정복자는 스페인에서 영국으로 바뀌었지만, 흑인 노예와 원주민의 삶은 전혀 달라지지 않았다. 영국인들은 섬에 사탕수수 플랜테이션을 우후죽순으로 조성했고 스페인과 마찬가지로 그에 필요한 노동력을 아프리카로부터 들여왔다. 흑인 노예의 수가 많아질수록 플랜테이션 농장의 혹독한 처우를 견디지 못하고 도망치는 노예 또한 늘어났으며, 이들이 지속적으로 마룬에 합류했다. 당연히 농장주들과 영국 식민 당국에게는 노예들이 이룬 이 '불온한' 공동체인 마룬이 큰 눈엣가시였고, 여러 수단을 동원해 마룬을 압박하기 시작했다. 하지만 또다시 삶이 위태로워진 마룬에게는 이제 더 이상 도망칠 곳도, 물러날 곳도 없었다. 자신들을 핍박하는 지배자들에 맞서 싸우면서, 그전까지는 곳곳에 산재해 있던 소규모의 마룬이 자연스럽게 서로 뭉치며 점차 규모와 영향력을 키워 갔다. 특히 자메이카섬 동쪽의 험준한 산악 지대인 블루 마운틴Blue Mountain의 윈드워드Windward라고 불린 마룬 공동체가 가장 크고 강력했다. 영국인 농장주와 식민 당국은 이들과 여러 차례 전투를 벌였지만, 단 한 번도 그들을 완전히 제압하는 데 성공하지 못했다. 윈드워드 마룬의 지도자는 아프리카 아산티Ashanti(현재의 가나) 왕국의 아칸Akan족 출신 퀸 내니Queen Nanny라는 여성이었다. 신출귀몰한 게릴라 전술의 대가로 이름을 떨치며 영국군을 끈질기게 괴롭혔던 인물이다. 그녀는 현재 자메이카의 국가 영웅으로 추앙받고 있으며, 자메

영국 식민 당국과 협상 중인 커조(가운데). 그는 마룬의 지도자 중 가장 널리 알려진 인물로, 뛰어난 전략가이자 전사, 협상가였으며 자메이카 마룬의 상징적 영웅으로 추앙받는다.

이카의 500달러 지폐에도 그녀의 초상이 그려져 있다.

자메이카섬의 북쪽에도 윈드워드 마룬에 못지않은 큰 마룬이 있었다. 1673년, 세인트앤St. Ann Parish이라는 곳에서 약 200명의 노예가 반란을 일으켜 기존 군소 마룬과 연합해 리워드Leeward라는 마룬 공동체를 조직했다. 그후 서튼스Sutton's라는 플랜테이션 농장에서도 400명의 노예가 반란을 일으켜 리워드 마룬에 합류했다. 리워드 마룬을 이끈 지도자는 커조Cudjoe라는 인물이었다. 당시 리워드 마룬의 거점은 오늘날 자메이카 콕핏 컨트리Cockpit Country 지역의 트렐로니 마을Trelawny Town이었는데, 이후 지도자의 이름을 따 '커조 마을Cudjoe's Town'로도 불리게 되었다.

설탕 산업이 막대한 부를 창출하면서 초기에는 많은 영국인이 일자리를 찾아 자메이카로 몰려들었다. 한때 섬에 거주하던 영국인은 약 1만 2000명에 달했다. 그러나 플랜테이션 농장주들은 생산 비용을 절감하기 위해 값싼 아프리카 노예를 선호했고, 그 결과 많은 백인 노동자가 일자리를 잃고 영국으로 돌아갔다. 결국 섬에 남은 백인은 약 3천 명으로 줄어들었다.

이렇게 자메이카에서는 아프리카계 노예 인구가 계속 증가했고, 도망쳐 자유롭게 살아가는 마룬 공동체도 점점 세력을 키워 나갔으나 백인 인구는 크게 감소하며 인구 불균형이 심화되어 갔다. 그럴수록 흑인과 백인 간의 갈등 역시 격화되었다. 이를 통제하려 한 영국은 자메이카에 추가 병력을 파견하고 마룬에 대한 압박을 강화했다. 양측은 자유와 생존을 건 전면적인 충돌로 치달을 수밖에 없었다.

제국에 맞서 싸운 검은 전사들

영국이 자메이카를 지배했던 1655년부터 1728년까지, 마룬과 영국 백인 간 소규모 충돌은 일상과도 같은 일이었고 백인 농장주들의 불안은 극에 달했다. 이들은 식민 당국에 자신들의 안전이 위협받고 있다며 거듭 호소했고, 영국 역시 이 상태를 방치하는 것은 위험하다고 판단했다. 이에 따라 자메이카 총독 로버트 헌터Robert Hunter는 대규모 군대를 새로이 투입하며 마룬을 무력으로 진압하려 했다.

영국군은 우선 자메이카 동부의 윈드워드 마룬을 공격했다. 하지만 이미 영국군의 움직임을 파악하고 매복해 있던 마룬 병력에 의해 큰 피해를 입고 퇴각했다. 1730년, 영국은 소퍼Soaper 중령이 이끄는 대군을 앞세워 다시 윈드워드 마룬을 공격했으나 총지도자인 내니Nanny와 또 다른 지도자 쿠아오Cuao의 직접 지휘 아래 격퇴되어, 영국군 생존자는 절반도 되지 않았다. 1732년, 영군은 다시 공격군을 3개 조로 나누어 마룬의 본거지 내니 마을Nanny town을 점령했지만, 마룬은 이미 마을을 비우고 깊은 산속으로 대피한 뒤였다. 마룬이 떠난 마을을 무의미하게 점령해 봤자 막대한 비용만 소모되니 영국군은 일단 철수할 수밖에 없었다. 이듬해 영국은 해군까지 동원해 재차 마룬을 공격했지만 또다시 참패하고 말았으며, 헌터 총독이 사망한 후 새로 부임한 총독도 마룬을 진압하지 못했다. 그동안 마룬은 여러 플랜테이션 농장을 파괴하며 노예들을 해방시켰다.

1735년에는 커조가 이끄는 자메이카 북부의 리워드 마룬 100여 명이 영국군의 한 부대 캠프를 기습해 병사 몇 명을 생포하여 처형한 사건이 벌어졌다. 리워드 마룬의 이 작전에는 다른 독립 마룬인 아콤퐁Accompong 마룬도 가담한 것이었고, 영국군은 자메이카섬의 거의 모든 곳에서 마룬과 대치하는 상황에 놓이게 되었다. 모든 전투에서 패퇴를 거듭하며 고전하던 영국군은, 1739년에 들어서야 마룬을 완전히 제압하는 게 불가능하다는 것을 인지하기 시작했다.

1739년, 총독 에드워드 트렐로니Edward Trelawny는 결국 마룬에게 평화 협정을 제안했고 리워드 마룬의 지도자 커조와 협정을 체결했다. 윈드워드 마룬의 여성 지도자 내니는 처음에 이를 거부했지만, 여러 차례 협상 끝에 자메이카 북동부 연안에 위치한 포틀랜드

Portland 지역의 토지 500에이커를 제공받는 등의 조건에 합의하며 1740년에 협정을 맺었다. 이렇게 1730년부터 1740년까지 10년 간의 전쟁이 막을 내렸다. 이 전쟁을 '제1차 마룬 전쟁'이라고 한다.

이후 약 반세기 동안은 이렇다 할 큰 마찰 없이 비교적 평화롭게 지냈다. 오히려 플랜테이션 농장에서 노예가 도망치면 마룬이 도망친 이들을 붙잡아 농장에 다시 넘겨주는 일이 심심치 않게 일어나기도 했는데, 이는 제1차 마룬 전쟁을 끝낸 평화 협정의 핵심 조약 중 하나가 "마룬들은 도망친 노예들을 붙잡아 식민 당국에 인도해야 한다"는 내용이었기 때문이다.

세월이 흘러 윈드워드 마룬을 이끌었던 여전사 내니도, 리워드 마룬의 커조도 모두 세상을 떠났고 치열했던 전쟁 당시의 이야기도 어느덧 어린아이들에게나 들려주는 옛이야기가 된 무렵인 1795년, 리워드 마룬 소속 두 명이 농장 돼지 두 마리를 훔치는 사건이 발생했다. 1739년 평화 협정에 따르면 마룬에게는 구성원의 잘못을 자체적으로 처벌할 권리가 있었으나, 식민 당국은 마룬이 아닌 농장 소속 노예가 도둑에게 채찍질을 하도록 했다. 이는 마룬에게 엄청난 모욕으로 다가왔다.

이에 당시 리워드 마룬의 지도자였던 몬태그 제임스Montague James는 영국과 협상을 시도했다. 그러나 신임 총독 알렉산더 린세이Alexander Linsay는 이를 무시하고 오히려 몬태그 제임스를 감옥에 가두었다. 총독은 한술 더 떠, 자신들의 지도자를 풀어달라고 강력히 항의하는 이들에게 '그를 풀어주는 대신 모든 무기를 버리고 복

종하라'는 조건을 내걸었다. 안 그래도 큰 모욕감을 느꼈던 마룬들은 걷잡을 수 없는 분노에 휩싸여 곧장 전투에 돌입했고, 이로써 제1차 마룬 전쟁이 끝난 지 약 55년 만에 결국 또 한 번의 전쟁이 벌어지고 말았다.

제2차 마룬 전쟁에는 동쪽의 가장 강력한 세력이었던 윈드워드 마룬이나, 리워드 마룬과 우호적 협력 관계였던 아콤퐁 마룬은 참여하지 않았다. 그 이유에 대한 구체적 기록은 남아 있지 않지만, 전쟁의 발단이 리워드 마룬의 도둑질이라고 판단해 참전의 정당성이 약하다고 판단했을 수도 있고, 제1차 전쟁 후 그럭저럭 평화를 유지하고 있던 상태에서 재차 전쟁을 치를 이유가 없다는 판단 때문이었을 수도 있다.

8개월의 전쟁 동안 결코 적지 않은 영국군이 목숨을 잃었지만, 시간이 흐를수록 고작 수백 명에 불과했던 리워드 마룬 전력은 5000여 명의 영국군을 상대하기 점차 버거워졌다. 게다가 하필 건기였던 탓에, 원래도 궁핍한 처지였던 마룬은 길어지는 전쟁 속에서 버틸 식량과 물 또한 크게 부족했다. 그런 약점을 잘 알고 있었던 영국군은 쿠바에서 들여온 사냥개 100마리와 추적자 100명을 동원해 그들을 각개 격파했다. 결국 몬태그 제임스는 마룬들을 자메이카 밖으로 흩뿌려 이송시키지 말라는 조건을 내걸고 무기를 내려놓았다. 영국군 지휘관 조지 왈폴 George Walpole 은 이 조건을 수락했으나, 마룬의 상당수가 항복을 거부하고 계속해서 플랜테이션 농장을 공격하며 전투를 이어 갔다. 그러자 자메이카 총독이 직접 이들을 체포해 리워드 마룬 소속 581명을 영국 식민지였던 캐나다의 노바스코샤Nova Scotia로 보내 버렸다. 왈폴은 총독의 결정에 반발하여 사표를 내고 영국으로 귀국했다.

노바스코샤는 캐나다 동부의 대서양 연안에 위치한 지역이다. 당시 영국이 신대륙과의 무역을 활성화하기 위해 항구를 개발하고 있던 곳 중 하나였기에 많은 노동력이 필요했으며, 이런 이유로 노바스코샤는 캐나다 내 아프리카계 인구 유입의 거점 역할을 하기도 했다. 그러나 열대 지역인 자메이카에서만 살아온 리워드 마룬 일행에게 노바스코샤의 겨울은 견디기 힘든 환경이었다. 실제로 이들 중 많은 수가 처음 맞은 혹독한 추위를 이기지 못하고 사망했다. 이후 몇 년간 어렵게 버텼지만, 결국 한계를 느낀 마룬들은 선조들의 땅인 아프리카로 보내달라고 청원했다. 이 청원은 받아들여졌고, 마룬들은 서아프리카 시에라리온의 프리타운Free Town으로 이주하게 된다. 이는 미국이 해방 노예들을 아프리카로 보내 라이베리아를 건국한 1847년보다 거의 반세기 앞선 일이었다.

한편, 영국이 노예제를 폐지한 1838년 이후 자메이카 식민 정부는 노동력을 확보하기 위해 시에라리온에서 인력을 들여왔다. 시에라리온의 흑인들은 더 이상 노예가 아니라 '계약 노동자' 신분으로 자메이카에 유입되었다. 그런데 이 인력에는 과거 리워드 마룬에 속했던 사람들도 다수 포함되어 있었다고 한다. 이들은 사실상 자신이 태어난 고향으로 되돌아온 셈이었다. 심지어 그중에는 제2차 마룬 전쟁의 도화선이 되었던, 농장 돼지를 훔친 도둑 중 하나인 피터

캠벨이라는 인물도 있었다고 한다. 열강의 수탈과 강제 이주의 굴레 속에서 유랑하다 다시 자메이카로 돌아오게 된 이들은, 자메이카의 플래그스태프Flagstaff 지역에 마룬 공동체를 만들어 정착했으며 오늘날까지 그 후손들이 살고 있다고 전해진다.

한 섬에 두 나라,
히스파니올라섬 이야기

설탕과 깊게 얽힌 아프리카 흑인 역사에서 결코 빼놓을 수 없는 섬이 바로 히스파니올라섬이다. 앞서 언급했던 것처럼 이곳은 카리브해에서 쿠바 다음으로 큰 섬이자 콜럼버스가 처음으로 사탕수수를 심은 곳이다.

현재 히스파니올라섬에는 아이티 공화국과 도미니카 공화국이라는 두 독립 국가가 존재한다. 비슷한 사례로는 뉴기니섬(파푸아뉴기니, 인도네시아), 티모르섬(동티모르, 인도네시아) 등이 있긴 하지만 세계적으로 드문 경우다. 히스파니올라가 이렇게 이례적인 분단의 사례가 된 배경에는, 유럽 열강들이 이 섬에 새긴 식민 지배의 깊은 흔적이 자리하고 있다.

본래 히스파니올라섬은 스페인령이었다. 그러나 이후 스페인의

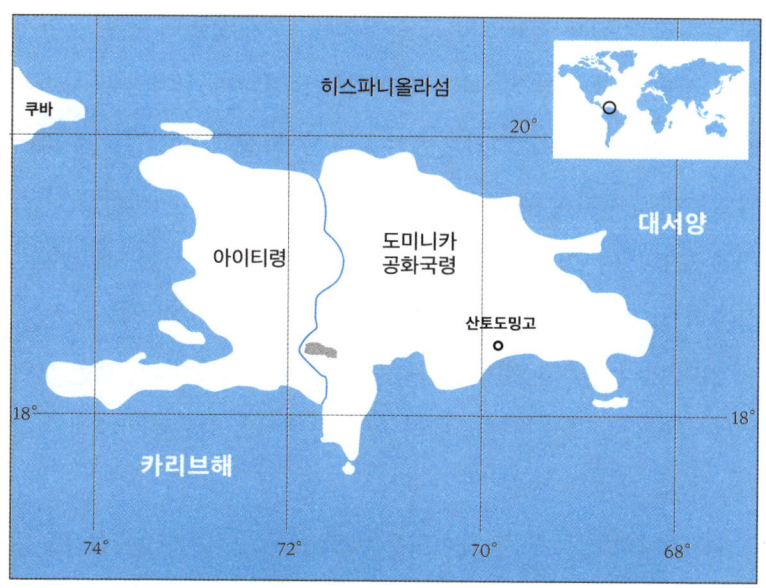

현재 히스파니올라섬의 서쪽은 아이티 공화국, 동쪽은 도미니카 공화국에 속한다.
두 나라는 각각 프랑스, 스페인의 식민지였다.

세력이 약화되자 프랑스가 서쪽 일부, 섬 전체의 3분의 1에 해당하는 땅을 점령하고 '생도맹그'라 명명했다. 스페인은 그 후에도 나머지 동쪽 땅을 계속 점령했는데, 프랑스령이었던 생도맹그는 지금의 아이티 공화국이 되었고 스페인령이었던 섬의 나머지 땅이 지금의 도미니카 공화국이 된 것이다. 특히 아이티 공화국은 카리브해로 팔려 온 노예들이 자신들의 힘으로 세운 최초의 독립 국가인 만큼 세계사적으로 중요한 의미를 지닌다.

아이티 공화국과 도미니카 공화국은 서로 붙어 있는 나라이면서도 정치적, 경제적, 그리고 인종적으로도 꽤 큰 차이를 보인다. 아이티 공화국은 현재 세계 최빈국 중 하나로 정치 상황이 매우 불안정하고 사회 전반에 부정부패가 만연해 있으며 이에 항거하는 사회적 소요도 잦다. 심지어 2021년에는 대통령이 자택에서 갱단에 의해 암살당하면서 거의 무정부 상태와 다름없는 상황이 이어지고 있다. 이에 2010년과 2021년 대지진까지 덮치며 수많은 사람이 사망하고 그나마 남아 있던 국가 인프라가 무너지는 등, 타국의 원조와 도움이 없다면 나라의 존립이 불가능한 지경에 이르러 있다. 반면 도미니카 공화국은 카리브해의 여러 국가 중에서도 비교적 안정적인 경제 기반을 갖추고 있다.

이 두 나라의 특히 큰 차이점은 바로 인구 구성이다. 유럽인들은 17~19세기 동안 카리브해의 거의 모든 섬에 아프리카 흑인 노예들을 유입시켰고, 지금까지도 카리브해 국가들은 그들의 후손이 전체 인구에서 큰 비중을 차지하고 있는데 그중에서도 아이티는 그 비율이 압도적이다. 아이티는 백인과의 혼혈 인구가 전체 인구의 5퍼센트 정도이며, 순수 아프리카 흑인이 95퍼센트를 이루고 있다. 이와 달리 도미니카 공화국은 전체 인구 중 흑인 비율이 11퍼센트에 불과하며 순수 백인 비율은 16퍼센트, 혼혈은 무려 73퍼센트를 차지하는 혼혈 인종 국가이다.

이렇게 두 나라의 인구 구성이 달라지게 된 이유는 스페인과 프랑스가 식민지를 착취하는 방식이 서로 달랐기 때문이다. 16~17세기 동안 히스파니올라섬 전역을 지배했던 스페인은 오로지 금이나 은에만 관심이 있었다. 원주민 노예나 아프리카 흑인 노예들을 주로 광산에 투입해 금은 채굴 노동력으로 활용했는데, 사실 큰 성과를 내지는 못했다. 그런데 멕시코와 남아메리카에서는 금은 채굴이 상당한 성과를 내자, 히스파니올라섬을 향한 스페인의 관심은 자연히 줄어들었다. 한편 섬의 서쪽 연안은 점점 해적들의 활동 무대로 바뀌어 갔다. 영국, 프랑스, 네덜란드 해적들이 귀중품을 실은 스페인 선박을 노리고 약탈을 일삼은 것이다. 이로 인해 스페인은 섬의 동쪽으로 근거지를 옮기게 되었다. 흥미롭게도, 금은보화를 실어 나르던 스페인 배와 이를 노린 해적의 이야기는 영국 빅토리아 시대 작가인 로버트 루이스 스티븐슨의 모험 소설 《보물섬》에 영감을 주었다. 주인공 소년 짐 호킨스는 보물 지도를 들고 항해를 떠나는데, 이 주인공 일행이 탄 배의 이름이 바로 '히스파니올라'다. 소설에 등장하는 외다리 해적 실버와 선원들 역시 실제 카리브해를 무대로 활동했던 해적들을 모델

1911년 미국 스크라이브너Scribner 출판사에서 출판한 《보물섬》의 표지. 《보물섬》은 카리브해 해적과 보물선을 둘러싼 전설을 바탕으로 창작된 소설로, 이후 수많은 해적 이야기의 전형이 되었다.

로 하고 있다.

스페인은 수차례 해적 소탕 작전을 벌였지만 별 소용이 없었다. 그러던 중 프랑스계 해적들이 서쪽 해안을 거점으로 삼아 아예 정착촌을 형성해 버리고는, 프랑스로부터 사람을 데려와 농장을 세우는 등 본격적인 점령에 나섰다. 1697년, 결국 프랑스는 히스파니올라섬의 3분의 1에 해당하는 지역을 자신들의 땅이라고 선언했다. 쇠퇴기를 맞고 있던 스페인은 이렇다 할 대응도 하지 못한 채 조약을 맺고 그 땅을 프랑스에 넘겨주었다. 이때 스페인 소유의 원주민 및 아프리카 노예들은 영국이 자메이카를 점령했을 때와 마찬가지로 산속으로 도망쳐 숨었다.

생도맹그를 차지한 프랑스는 섬의 비옥한 토지를 이용하여 농업을 집중적으로 발전시켰다. 사탕수수를 비롯해 커피, 담배, 카카오, 인디고 농장이 들어섰고, 이를 아프리카에서 들여온 노예 인력으로 운영하며 엄청난 수익을 올렸다. 당시 유럽에서 커피와 설탕 수요가 폭발적으로 늘어난 것도 농업 성장의 큰 이유였다. 1780년 무렵에는 유럽 설탕 생산의 40퍼센트, 커피는 60퍼센트가 생도맹그에서 이루어질 정도였다. 이렇게 플랜테이션이 큰 성공을 거두자 더 많은 노동력이 섬으로 유입되었는데, 유럽에서 온 백인이 3만 명을 넘었고 아프리카 노예는 수십만에 이르렀다. 이렇게, 스페인과 달리 프랑스는 생도맹그에 플랜테이션을 경영하며 아프리카 노예를 많이 수입했고, 그 결과 오늘날 아이티와 도미니카의 인구 구성에 뚜렷한 차이가 발생하게 된 것이다.

한편, 많은 흑인 노예를 최대한 효율적으로 통제하고 관리하기 위해 루이 14세는 '코드 누아르Code Noir(흑인법)'를 제정했다. 흑인 노예의 소유, 거래, 처벌 등을 규정하며 노예의 자유를 극단적으로 제한하고, 가톨릭으로의 개종을 의무화하는 등 비인간적인 통제를 법으로 명문화한 악법이었다. 조금이라도 저항하는 노예는 말라리아가 창궐하는 습지로 쫓겨나거나 잔혹하게 살해되었다.

지옥 같은 현실을 감내하면서도, 노예들은 인간으로서의 본능과 의지를 발휘해 다양한 방식으로 탈출을 시도했다. 가장 먼저 실행했던 선택지는 단연 도망치는 것이었다. 물론 도망치다 붙잡히면 가혹한 처벌을 받거나 목숨을 잃을 위험이 컸지만, 많은 이들이 그 위험을 감수했다. '이렇게 죽든 저렇게 죽든'이라는 절박한 심정이었을 것이다.

탈출에 성공한 노예들은 마룬 공동체를 형성해 자립의 길을 모색했다. 도망 노예의 수가 늘어나면 늘어날수록 마룬의 규모 또한 커졌고, 백인들에게 조직적으로 맞설 수 있는 힘을 기를 수 있었다. 또한 마룬에게도 생계를 위해 농사를 지을 땅이 필요했는데, 당시 식민 당국은 마룬을 압박하기 위해 마룬의 개간을 제한했기 때문에, 마룬들은 살기 위해서라도 저항이 불가피했다.

그리하여 영국령 자메이카의 마룬처럼, 프랑스령 생도맹그의 마룬들도 '마룬 고사枯死 정책'에 치열하게 맞서 싸웠다. 생도맹그의 마룬 공동체는 카리브해에서 가장 규모가 컸던 만큼 그들의 투쟁 또한 더욱 격렬할 수밖에 없었다. 이들은 비옥한 땅을 독점하고 흑인 노예를 착취하던 백인 농장을 습격해 불을 지르거나, 백인 지주들을 살해하기도 했다.

　노예의 삶에서 가까스로 탈출한 마룬에게 더는 주저할 것도, 잃을 것도 없었다. 그들은 자유를 위해 기꺼이 목숨을 걸 준비가 되어 있었다. 하지만 목숨 하나만을 지닌 채 뒤돌아보지 않고 싸우던 그들이었기에, 생존을 위해서는 무엇보다 철저하고 체계적인 조직력이 필요했다.

　마룬 공동체를 이끌어 노예 해방사에 이름을 남긴 몇몇 '위대한 지도자'의 등장은, 어찌 보면 역사적 필연이었다.

5장

아메리카에 세워진 최초의 흑인 공화국

불사신이 된 외팔이 지도자

프랑수아 마캉달François Mackandal은 지금의 세네갈, 말리, 혹은 기니 지역에서 붙잡혀 온 노예 출신으로 알려진 생도맹그의 초기 마룬 지도자이다. 사탕수수 압착기에 팔이 끼는 사고로 오른팔을 잃어 '외팔이 마룬'으로 불렸다. 그는 서아프리카의 토속 신앙인 부두교의 사제이기도 했는데, 부두교 의식에 필요한 지식을 활용해 산과 들에서 독초를 캐어, 이를 마룬 구성원들에게 나누어 주고 백인 주인의 음식에 넣게 함으로써 암살을 유도하기도 했다.

여러 군소 마룬 집단을 통합하고 강력한 게릴라 조직을 결성한 마캉달은 프랑스 농장을 습격하고 불태우며 수많은 백인을 살해했다. 그의 부대가 6년간 죽인 백인의 수가 6000명을 넘는다는 기록도 있다. 1757년 그를 체포하는 데 성공한 프랑스 식민 당국은,

1758년 카프아이티앵Cap-Haïtien 광장에서 마캉달을 나무 기둥에 묶어 산 채로 화형시켰다.

그러나 마룬들은 부두교 사제이자 위대한 지도자인 마캉달이 그렇게 죽었을 리 없다고 믿었고, 시간이 흐르며 마캉달이 화형당하는 도중 불길 속에서 날개 달린 동물로 변해 하늘로 날아갔다는 전설이 널리 퍼졌다. 마캉달은 그렇게 민중의 가슴 속에서 영원히 살아 있는 불사신으로 남게 되었다. 이후 많은 작가가 그의 불꽃 같은 생애에 영감을 받아 소설, 시 등을 창작했고, 현대에는 그가 주요 인물로 등장하는 게임이 개발되기도 했다. 아이티 혁명은 마캉달이 죽은 지 거의 반세기 후에야 발발했으나, 그는 혁명에 가장 큰 영향을 끼친 인물로 평가된다.

마캉달이 아이티를 비롯한 카리브해 일대에서 신화적 존재가 된 이유는, 그가 무장 투쟁의 지도자였을 뿐 아니라 부두교의 사제로서 민중의 영적 지도자 역할도 수행했기 때문일 것이다. 아이티와 아이티인을 이야기하려면 이 부두교 이야기를 결코 빼놓을 수 없다. 부두교는 서아프리카, 특히 콩고 북부와 베냉 지역의 요루바Yoruba족과 폰Fon족의 민간 신앙이 로마 가톨릭과 결합해 탄생한, 주술적 요소가 강한 종교다. 가톨릭의 영향으로 '봉디예Bondye'라 불리는 유일신을 믿기는 하지만, 부두교 의례의 중심은 '로아loa'라 불리는 정령을 숭배하는 데 있다. 이 신앙은 흑인 노예들이 카리브해와 아메리카 대륙으로 끌려가는 과정에서 자연스럽게 전파되었고, 각 지역의 문화와 결합해 조금씩 다른 형태로 발전해 왔다.

아이티 국립묘지의 벽화와 십자가. 부두교 전통 위에 기독교가 뿌리내린, 아이티의 독특하고 복합적인 종교 문화를 잘 보여 준다.

 부두교의 의식은 노래와 춤, 집단적 황홀경 등을 통해 로아와의 교감을 추구하는 것이 특징이며, 신자들은 의식 중 로아가 자신에게 '강림(신내림)'함으로써 일시적으로 그 존재가 된다고 믿는다. 참고로 아이티 인구의 약 55퍼센트는 가톨릭, 29퍼센트는 개신교 신자라는 공식 통계가 있기는 하지만 부두교 의례는 아이티 문화와 사회 전반에 깊이 뿌리내려 있어, 사실상 대부분의 아이티인이 부두 신앙을 공유하고 있다고 보아야 한다.

 유럽 열강이 식민지를 건설하고 흑인 노예를 착취한 가장 큰 이유는 단연 경제적 이익을 얻기 위해서였다. 다만, 스페인과 포르투갈의 경우 이에 더해 가톨릭 포교 또한 중요한 사명으로 여겼다. 그러나 노예들에게 가톨릭을 전파하는 데는 큰 장벽이 있었다. 노예 대부분은 라틴어, 프랑스어, 영어, 아랍어를 몰랐고, 자신들의 모국어조차 문자 체계를 갖추지 못한 경우가 많았기 때문이다. 성경을 통해 신앙을 전하는 것은 사실상 불가능했다.

이처럼 문자 전승이 어려운 환경에서 유럽 선교사들이 택한 방식은 토착 신앙과의 '타협'이었다. 그 결과 민간 신앙과 가톨릭이 결합한 부두교가 탄생한 것이다. 주술적이고 제의적인 방식을 통해 가톨릭의 유일신 신앙을 받아들이도록 한 셈이다. 또한, 지옥 같은 현실을 살아가던 플랜테이션 노예들에게는 그 고통을 견디게 해 줄 절대적인 존재가 필요했을 것이다. 부두교 신앙이 아이티에 깊게 뿌리내릴 수밖에 없었던 이유다.

부두교 의식에서 시작된 아이티 혁명

1791년 8월 22일, 생도맹그 북부 카프프랑수아(현재의 카프아이티앵) 근처 숲에서 몇몇 흑인 노예들이 부두교 의식을 행했다. 집전자는 더티 부크만Dutty Boukman이라는 24세의 젊은 부두교 사제였다. 그는 다음과 같이 말했다.

"백인들의 잔혹한 통치 아래 얼마나 많은 흑인 노예가 희생되었는가. 우리 또한 그들과 같은 인간이다. 하느님은 모든 인간을 똑같은 하느님의 아들과 딸로 창조하셨다. 지금 저 백인들은 하느님의 뜻을 저버리고 악마가 되어 버렸다. 더는 가만둘 수 없다. 모든 흑인은 하나로 뭉쳐 이들을 응징해야 한다."

그날 부크만은 혁명을 선언한 뒤 흑인 노예들에게 일제히 봉기할 것을 명령했다. 곧 북부의 플랜테이션 농장들이 불타기 시작했고,

다수의 백인이 살해되었다.

생도맹그의 흑인 반란은 사실상 1789년의 프랑스 혁명의 영향을 받은 것이었다. 프랑스 혁명은 생도맹그에서 흑인 봉기가 시작된 1791년보다 2년 앞서, 인구의 98퍼센트를 차지하던 극소수 특권 계층(성직자와 귀족)의 불공정한 지배에 맞서 민중이 일으킨 혁명이다. 물론 프랑스 본토와 식민지 생도맹그에서의 억압은 그 양상과 성격에 차이가 있지만, 프랑스 혁명이 절대왕정 중심의 봉건 신분제 체제, 즉 '앙시앵 레짐Ancien Régime'을 무너뜨리고 새로운 질서를 세우려 했던 것처럼, 생도맹그의 흑인 혁명 역시 '백인에 의한 흑인 지배와 착취'라는 체제를 전복하려는 시도였다. 부크만의 부두교 의식에서 시작된 이 혁명에 프랑스 식민 당국은 크게 놀라 진압에 나섰고, 우선 부크만을 체포하여 처형했다.

그러나 혁명의 불길은 걷잡을 수 없이 퍼져 나가 더는 식민 당국의 힘만으로 진압할 수 없는 상황에 이르렀다. 당시 프랑스 본국 역시 혁명의 소용돌이 속에 있었기 때문에 대응이 더욱 늦어질 수밖에 없었다. 결국 왕정이 무너지고 들어선 혁명 정부의 입법의회는 군대와 사절단을 급히 생도맹그로 파견했는데, 그 중심에 레제 펠리시테 송토나Léger-Félicité Sonthonax라는 인물이 있었다. 그는 '혁명 판무관'이라는 직함으로 생도맹그에 파견되어 사태를 수습할 임무를 맡았다. 송토나는 사실상 총독에 준하는 권한을 부여받았으며, 프랑스 본국군과 식민지 주둔군, 그리고 유럽인과 아프리카 흑인 혼혈 '물라토mulatto'로 이루어진 물라토군을 통합해 7000여 명의 군대

프랑스 혁명 시기, 아이티 혁명 수습을 위해 파견된 레제 펠리시테 송토나의 초상화.

를 조직하여 흑인 반란군 진압에 나섰다.

당시 흑인 반란군 세력은 아직 완전히 조직되지 못했고 전쟁 물자도 부족했지만 송토나가 이끄는 프랑스 본국군, 식민지 백인군, 물라토군의 연합 전력은 압도적이었다. 결국 흑인 반란군은 동쪽의 스페인 식민지 국경 너머로 도주할 수밖에 없었다. 이때 흑인 반란군을 이끈 인물들은 투생 루베르튀르Toussaint Louverture, 장자크 데살린Jean-Jacques Dessalines, 앙리 크리스토프Henry Christophe였는데, 그중에서도 투생이 총사령관이자 중심 지도자였다.

한편, 여전히 히스파니올라섬 동쪽을 차지하고 있던 스페인은 이 혼란이 섬에서 프랑스를 몰아낼 절호의 기회라고 판단했다. 이에 스페인군은 투생의 흑인 반란군과 연합해 프랑스군을 공격하기로 협의했다. 자메이카의 영국 또한 같은 계산 아래 함대를 파견해 생도맹그 침공을 시도했다. 이렇게, 스페인도 영국도 마치 때를 기다렸다는 듯 재빨리 움직일 만큼 생도맹그 지역을 탐냈던 이유는 그만큼 경제적 가치가 엄청난 지역이었기 때문이다. 또한 히스파니올라 섬에서 프랑스를 몰아낼 수 있다면, 카리브 전체는 물론 유럽 본토에서의 세력 균형에도 큰 영향을 미칠 수 있었다. 당시 스페인과 영국을 포함한 유럽 국가들은 왕정을 무너뜨린 프랑스 혁명 정부를 상당히 경계하고 있었는데, 프랑스 식민 경제의 중추인 생도맹그가 타격을 입는다면 혁명 정부 자체도 흔들릴 수 있다고 본 것이다.

송토나는 프랑스의 군사력이 영국과 스페인의 연합군에 크게 뒤처진다는 현실을 명확히 인식하고 있었다. 그는 여기서 본국 의회의 승인도 없이 아무도 예상치 못한 과감한 결정을 내리는데, 1793년 8월 29일 생도맹그 북부의 노예들에게 자유를 선포해 버린 것이다. 어차피 전력이 크게 밀리는 상황에서, 만약 전쟁에서 패배해 생도맹그를 잃게 되는 상황이 온다면 프랑스계 주민들의 생명과 안전이 보장되지 않으리라는 판단이 있었을 것이다. 이어 그다음 달, 송토나는 북부뿐 아니라 생도맹그 전역의 노예 해방을 공식 선언했다. 과감하고 무모한 조치였지만, 어쩌면 불가피한 선택이기도 했다.

송토나의 갑작스러운 노예 해방 조치에 흑인 노예 대부분이 긴가민가하며 의심을 거두지 못했다. 그중에서도 누구보다 놀란 이는 바로 투생 루베르튀르였다. 그는 이미 스페인군과 연합해 프랑스군에 맞서기로 협약을 맺은 상태였다. 그러나 프랑스 본국에서 송토나의 선언이 승인되었다는 소식이 전해지자, 투생은 선택의 기로에 놓이게 되었다. 고심 끝에, 투생은 스페인과의 협약을 저버리고 프랑스군에 합류해 생도맹그를 침략해 온 영국과 스페인을 몰아내기로 결심한다. "어차피 영국인도 스페인인도 모두 같은 백인들인데, 혼란을 틈타 침략해 온 그들부터 먼저 몰아낸 뒤 나중에 프랑스 백인들과의 문제를 생각하자"는 계산이었다.

비록 투생이 송토나를 직접 만났다는 기록은 없으나, 그는 1794년 프랑스 정부군에 합류하겠다는 성명을 발표하고 영국군과의 전투에 돌입했다. 투생을 중심으로 데살린, 크리스토프 등 다른 주요 흑인 지도자들까지 가세한 프랑스 정부군과 반란군의 연합은 그야말로 무적이었다.

1802년 크레트아피에로 전투를 묘사한 삽화. 프랑스군과 해방군 사이의 격렬했던 충돌을 잘 보여 준다. 크레트아피에로 전투는 아이티 혁명 중 벌어진 가장 치열했던 전투 중 하나다.

생도맹그 흑인 노예 해방과 아이티 공화국의 탄생 과정은 역사의 아이러니를 고스란히 보여 주는 사례다. 생도맹그를 차지하려는 유럽 열강의 탐욕, 흑인 반란군을 진압하기 위해 파견된 송토나가 내린 갑작스럽지만 불가피했던 노예 해방 선언, 그리고 자신들을 착취해 온 프랑스 백인들과 '우선 침략자부터 몰아내자'는 판단으로 손을 잡은 흑인 반란군의 선택 등, 여러 모순적 상황이 얽혀 세계 최초의 흑인 공화국이자 근대 노예 해방 운동의 상징인 아이티가 탄생하게 된 것이다.

아이티는 흑인 노예의 '고향'인 아프리카 대륙이 아니라 그들이 유럽인에 의해 강제로 끌려와 뿌리내린 땅에 세운 나라라는 점, 또한 아메리카 전체를 통틀어 미국에 이어 두 번째로 탄생한 독립 국가라는 점에서 역사적으로 매우 독특하고 중요한 의미를 지닌다.

투생 루베르튀르와
아이티 공화국의 탄생

　영국군과 스페인군은 결국 처절하게 패퇴했고, 마침내 투생의 시대가 열렸다. 프랑스 본국의 정치적 변화로 인해 송토나는 해임되어 프랑스로 귀국했지만, 일부 기록에 따르면 이는 투생 루베르튀르가 자신의 권력을 공고히 하기 위해 정치적으로 송토나를 축출한 결과였다는 주장도 있다. 어찌 되었든 이로써 투생은 생도맹그의 사실상 최고 통치자가 되었다.

　투생 루베르튀르는 생도맹그에서 태어난 가사 노예 출신으로, 1743년에 태어나 1803년에 사망했다. 사탕수수 플랜테이션 농장에서 태어나 자란 그는 일찌감치 주인에 의해 해방되어 자유인 신분을 획득했고, 정규 교육은 받지 못했지만 전 주인의 농장에서 중간 관리인으로 일하며 독학으로 읽고 쓰는 법을 익혔다고 전해진다. 오

아이티 혁명의 지도자이자 노예 해방과 아이티 독립을 이끈 투생 루베르튀르.

늘날 그는 '아이티의 아버지'로 불리며 아이티에서 가장 존경받는 위인 중 하나다. 아이티의 국제공항도 그의 이름을 따 '투생 루베르튀르 국제공항'이라 불릴 정도다.

투생은 1791년 노예 반란에 가담해 뛰어난 군사적 지도력을 발휘하며 이후 흑인 반란군의 중심 지도자로 부상했다. 그는 키가 작았지만 지략이 뛰어났고, 결정적 순간에 프랑스 백인 권력자들과의 협력을 통하여 영국과 스페인을 몰아내는 데 성공하는 등 유능함을 입증했다. 총독으로 부임하는 동안에는 영국, 미국과 무역 협정을 체결했으며, 한때 협력했던 혼혈 세력인 물라토군과의 갈등에서도 우위를 점하며 아이티 전역에 영향력을 행사했다. 식민지 자치 헌법을 제정하여 시행했으며, 심지어 히스파니올라섬 동쪽의 스페인령 산토도밍고를 침공해 그곳 노예들을 해방시키기도 하는 등 지도자로서 탁월한 능력을 발휘했다.

그러나 생도맹그는 또 다른 거대한 변수를 맞닥뜨리게 된다. 바로 프랑스의 새로운 통치자 나폴레옹 보나파르트의 등장이다. 프랑스 혁명의 불씨는 17세기 후반 등장한 계몽주의 사상으로 인해 자유와 공화주의에 대한 열망이 커지며 점차 타오르기 시작했다. 이런 분위기 속에서 프랑스는 숙적인 영국에 맞서 미국 독립 전쟁을 지원했으나 곧 심각한 재정난에 빠졌고, 이는 결국 혁명의 기폭제가 되었다. 1783년 파리조약을 통해 미국의 독립이 공식 인정되자 프랑스 민중은 더욱 자극받았고, 1789년 〈인간과 시민의 권리 선언〉 발표를 비롯해 혁명이 본격화되었다. 이후 입헌군주제 헌법 제정, 입법의회 탄생, 자코뱅 독재 등 혁명의 소용돌이 속에서 혼란스러운 정국이 이어지다가, 1799년 이집트 원정에서 돌아온 나폴레옹이 쿠테타로 정권을 잡고 제1통령에 오르며 마침내 나폴레옹 시대가 열렸다.

자유·평등·박애의 가치를 내걸고 타오른 혁명의 뜨거운 불길 속에서, 1794년 프랑스 혁명 정부는 모든 식민지에서의 노예제 폐지를 선언한 상태였다. 하지만 권력을 잡은 나폴레옹은 카리브해의 생도맹그가 프랑스 경제에 얼마나 중요한 곳인지를 빠르게 깨달았다. 그는 무너진 식민 수익 체계를 복구하고자 노예제를 부활시키려 했는데, 그 계획의 가장 큰 걸림돌이 다름 아닌 투생 루베르튀르였다.

1802년, 나폴레옹은 자신의 매제 샤를 르클레르Charles Leclerc를 총사령관으로 임명하고 약 3만 명의 군을 파견해 생도맹그에 상륙시켰다. 당시 투생의 참모였던 장자크 데살린과 앙리 크리스토프는 프랑스군의 의도를 간파하고 잠적했지만, 투생은 성정이 순진했던 모양인지 프랑스군을 별 의심 없이 믿었다. 투생은 만나서 현안을 논의하자는 프랑스군 측의 제안을 받아들였고, 그들과 만나기 위해 본부로 향했다. 그렇게 투생은 1802년 5월 프랑스군 본부에 들어서자마자 어이없이 체포되었다. 생도맹그 흑인 혁명의 상징이었던 그는 곧바로 프랑스로 압송되어 알프스 지역의 감옥에 수감되었으며, 그곳에서 이듬해 폐렴으로 생을 마감했다.

한편, 이를 모두 지켜본 데살린과 크리스토프는 프랑스군의 노예제 부활 시도를 확인하고 본격적인 반격에 나섰다. 마침 같은 해 11월 르클레르가 황열병에 걸려 사망했고, 프랑스군 역시 계속된 전투와 전염병으로 큰 피해를 입은 상태였다. 게다가 르클레르의 후임 총사령관으로 부임한 로샹보 자작vicomte de Rochambeau은 극도로 잔혹한 통치와 인종 학살 정책으로 악명이 높았는데, 이에 반발한 병사들, 특히 폴란드 출신 용병들이 아이티 반란군에 합류했다. 그 수는 약 400~500명 정도로 추정되는데, 이들은 전쟁 이후 아이티 국민으로 받아들여져 그 후손이 아이티에 남아 있다고 전해진다.

엎친 데 덮친 격으로 영국군이 자메이카에서 프랑스군의 해상 퇴로를 봉쇄했다. 당시 프랑스와 전 세계 식민지를 두고 치열한 패권 경쟁을 벌이던 영국은, 프랑스가 노예제를 부활시키고 생도맹그를 통해 다시 경제적 이익을 얻는 상황을 원하지 않았기 때문이다. 모든 상황은 프랑스군에게 절망적으로 변했고, 나폴레옹은 더 이상의 병력 파견을 망설였다. 결국 프랑스군 병사 대부분이 전투와 전염병으로 사망하며 궤멸 상태에 이르렀다.

마침내 1803년, 장자크 데살린이 베르티에르 전투에서 승리해 포르토프랭스(현재 아이티의 수도)를 해방시키고 11월 18일 마지막 전투에서도 승리함으로써, 생도맹그에서 프랑스를 완전히 몰아내는 데 성공한다. 그리고 이듬해인 1804년 1월 1일, 아이티의 독립을 선언하고 국호를 '아이티Haiti'로 정했다. 이는 히스파니올라섬 원주민이었던 아라와크족 언어에서 유래한 명칭이라고 한다.

아이티의 독립은 나폴레옹의 노예제 부활 시도를 저지하고 이루어 낸 영광스러운 승리였다. 하지만 그 대가는 혹독했다. 혁명 전 아이티의 인구는 55만 명이었으나 독립 당시에는 약 30만 명으로 크게 줄어 있었다. 전쟁과 학살로 10만 명의 흑인, 2만 4000명의 백인이 목숨을 잃은 것으로 추정된다. 또한 농업 기반은 붕괴되어 있었으며, 상업은 존재하지도 않았다. 교육, 기술 등 국가 운영에 필요한 기반이 전무한 상태였다.

이 전쟁으로 프랑스 역시 큰 피해를 입었기에, 1825년 프랑스는 과거 노예 소유주와 농장주들에게 배상금을 지급하라며 아이티 정부에 1억 5000만 프랑을 요구했다. 당시 아이티 대통령이었던 장피에르 보이어Jean-Pierre Boyer는 지속되는 프랑스의 압박을 이기지 못하고 이에 동의했고, 아이티는 1838년까지 일부 금액을 상환했다. 이후에도 남은 6000만 프랑의 빚을 1922년까지 갚아야 했다.

자유와 독립의 대가는 실로 컸다. 프랑스가 아이티의 독립을 공식 인정한 것은 전쟁이 끝난 뒤로부터 한참 후인 1834년이며, 프랑스가 강요한 부채는 오랜 세월 아이티의 발목을 잡으며 국가 성장을 가로막았다.

나폴레옹이 선택한 '달콤한 뿌리'

사탕수수는 기본적으로 열대나 아열대 기후에서 자라는 식물이기 때문에 중부 유럽, 특히 프랑스나 독일 본토에서는 재배가 불가능했다. 그렇기에 카리브해의 섬들을 식민지로 삼아 대규모로 사탕수수를 재배하며 설탕을 생산했던 것인데, 생산량을 더욱 늘리기 위해 사탕수수를 통해서가 아닌 다른 방식으로 설탕을 얻을 방법 또한 꾸준히 찾고 있었다. 그러던 중 마침내 사탕무sugar beet로 설탕을 생산하는 방법이 개발되었다. 그야말로 과학이 만들어 낸 설탕이었다.

한편, 프랑스는 나폴레옹의 등장 이후 혁명의 혼란 속에서도 유럽 각지를 정복하며 신성로마제국을 해체하는 등 군사적으로 성공을 거두었으나, 프랑스 경제의 핵심이었던 생도맹그에서 뜻밖의 타격을 입

사탕무. 사탕무의 경제적 가치를 알아본 나폴레옹은 이를 활용한 설탕 산업을 적극적으로 육성하기 시작했다.

고 만다. 아프리카계 흑인 노예들의 대규모 반란으로 프랑스군이 패배하고 아이티 공화국이 탄생한 것이다. 프랑스는 설탕이라는 중요한 수입원을 한순간에 잃게 되었다.

또한 나폴레옹은 육상 전쟁에서는 연전연승이었지만, 막강한 해군력을 가진 영국과의 해상전에서는 패배하며 열세를 면치 못하고 있었다. 결국 나폴레옹은 영국의 경제를 붕괴시키려는 의도를 품고, 1806년 대륙봉쇄령을 내려 프랑스 해안선을 봉쇄함으로써 교역품이 영국으로 유입되는 길을 끊었다. 프랑스가 영향력을 행사하던 모든 유럽 국가 및 동맹국과 영국 간의 교역을 가로막으려던 것이었다. 그러나 이 조치는 프랑스로 유입되던 카리브해의 설탕 공급까지 차단하는 결과를 낳았다. 이미 설탕이 대중화되어 그 달콤한 맛에 길들여져 있었던 프랑스인들은 설탕이 부족해지자 큰 불만을 터뜨렸고, 나폴레옹은 이 불만을 잠재울 필요가 있었다.

이때 주목한 것이 바로 독일에서 실험 중이던 사탕무였다. 독일의 화학자 안드레아스 마르크그라프 Andreas Marggraf는 1747년 비트라는 뿌리채소에서 사탕수수즙과 유사한 즙을 추출하는 데 성공했지만, 자금 부족으로 대량 생산을 포기할 위기에 처해 있었다. 이 사실을 알게 된 나폴레옹은 사탕무를 통한 설탕 생산 기술을 발전시키기 위해 프랑스 전역에 40여 개의 사탕무 설탕 공장을 세워 본격적으로 대량 생산에 착수했다. 1812~1813년 사이에는 사탕무 기반 제당 공장이 300개에 달했고, 이 기술은 우크라이나, 러시아 등지로도 확산되었다.

사탕무의 가장 큰 장점은 열대 지방이 아닌 온대, 심지어 추운 지역에서도 재배가 가능하다는 점이었다. 또, 사탕수수 재배와 달리 많은 노동력을 필요로 하지 않아 원주민 노동력만으로도 생산이 가능했기 때문에 노동력 운송에 드는 비용을 절감할 수 있었다. 나폴레옹이 본격적으로 사탕무 설탕 생산을 장려한 후, 1854년에는 세계 설탕 총생산량에서 사탕무 설탕 생산 비율이 11퍼센트를 차지했고 19세기 말에는 무려 65퍼센트에 달했다.

현재는 약 40개국에서 사탕무를 생산하고 있으며 2023년 기준 세계 총생산량은 약 2억 8100만 톤이다. 주요 생산국은 러시아, 우크라이나, 미국, 독일, 프랑스 등이며 한국에서도 제주도에서 약간의 사탕무를 생산한다.

참고로 사탕무의 당도는 14~20브릭스(수용액 100그램 중 당분이 몇 그램 들어 있는지를 나타내는 당도 측정 단위로, 예를 들어 15브릭스는 100그램의 수

용액에 당분이 15그램 함유되어 있다는 것을 뜻한다.)라고 하는데, 과일과 비교하면 사과는 9~14브릭스, 복숭아 8~13브릭스, 포도는 13~21브릭스 정도라고 하니 사탕무의 당도는 확실히 꽤 높은 편이다.

6장

설탕과 황금의 땅
브라질

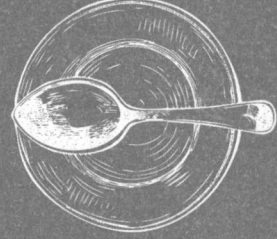

포르투갈 식민 모델의 시작, 마데이라

유럽인에 의한 사탕수수 재배는 포르투갈이 대서양의 무인도였던 마데이라제도를 발견해 자신들의 땅으로 삼으며 시작되었다. 마데이라제도는 마데이라섬과 포르투산투섬 등으로 이루어진 제도로 아프리카 해안에서 520킬로미터, 유럽에서 가장 가까운 해안으로부터는 1000킬로미터 떨어진 곳에 위치해 있다. 제도의 전체 면적은 우리나라 제주도의 절반보다 조금 작은 크기인 약 801제곱킬로미터 정도이며, 온난한 해양성 아열대 기후에 속한 비옥한 땅이다.

포르투갈인의 마데이라 정착은 1420년대부터 차츰 이루어지기 시작했다. 정착민의 생계 수단은 물론 농업이었다. 당시 이슬람 세력이 지중해에서 만든 설탕을 유럽에 고가로 판매하고 있다는 사실을 잘 알고 있었던 포르투갈인들은, 이슬람 세력이 지중해 여러 섬에서 재배하던 사탕수수를 들여와 마데이라에 심었고 이는 큰 성공을 거두었다. 하지만 사탕수수 재배와 설탕 제조 공장 운영에는 막대한 노동력이 필요했다. 소수의 초기 정착민만으로 사탕수수 농사를 감당하기 어려웠기 때문에, 결국 포르투갈 자본가들은 대규모 농장을 조성하고 아프리카로부터 노예를 수입하여 농사를 지었다.

포르투갈이 마데이라제도와 아소르스제도를 영토로 삼은 후 약 반세기 뒤인 1471년, 또 다른 새로운 섬이 발견되었다. 지금의 가봉 Gabon 북서해안에서 약 200킬로미터 떨어진 기니만 Guinea Gulf 에 위치한 무인도로, 포르투갈은 이 섬을 '상투메 São Tomé'라고 이름 붙이고 자국 영토로 선언했다. 오늘날 상투메는 인접한 또 하나의 섬인 프

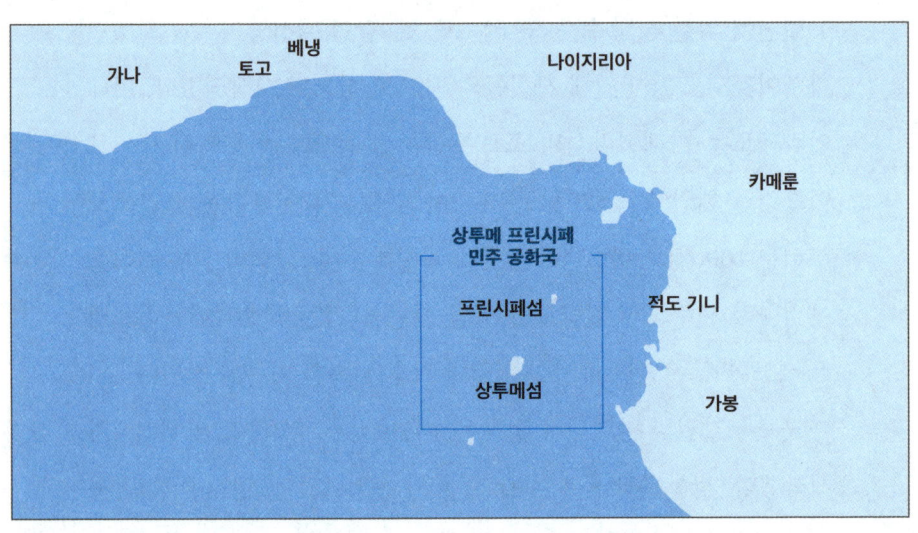

아프리카 서해안에 위치한 상투메섬은 15세기 후반 포르투갈이 식민지화한 이후, 사탕수수 플랜테이션의 중심지이자 대서양 노예무역의 중요한 교두보로 기능했다.

린시페Príncipe섬과 함께 '상투메 프린시페 민주 공화국'이라는 독립국을 이루고 있다. 아프리카에서는 세이셸Seychell에 이어 두 번째로 작은 나라이며, 공용어는 포르투갈어이다.

상투메 역시 화산토로 이루어진 비옥한 땅이었기에 정착이 시작된 1493년 이후로 사탕수수 재배가 활발히 이루어졌다. 설탕이 가져다 준 부로 상투메는 한때 번영을 누렸지만, 포르투갈의 설탕 산업 중심지가 브라질로 이동하며 경쟁력을 잠시 잃기도 했다. 그러나 19세기부터 커피와 카카오 재배가 본격화되면서 상투메는 설탕이 아닌 세계 최대의 카카오 생산지로 자리매김하게 된다.

그런데, 상투메는 농업 생산지로서의 역할 외에도 다른 중요한 쓰임새가 있었다. 바로 '노예 무역 교두보' 역할이었다. 포르투갈과 스페인이 문을 연 대항해시대가 시작된 지 100여 년 뒤, 영국과 네덜란드, 프랑스 등 후발 유럽 국가들도 항로 개척에 뛰어들었고 이들 국가가 점차 선두 주자였던 스페인과 포르투갈을 압박하며 대서양과 인도양에서의 주도권을 빼앗기 시작했다. 후발 국가들 또한 카리브해의 여러 섬을 점령하고 사탕수수 플랜테이션에 몰두했는데, 포르투갈과 마찬가지로 아프리카 노예를 대거 동원했다.

영국은 자국의 뛰어난 항해 능력을 이용해 노예 무역을 주도했으며, 사실상 카리브해에서 필요한 노예의 대부분을 전담 공급하는 역할을 했다. 이러한 배경 속에서 상투메는 약 200년 동안 노예 무역의 중요한 기착지로서 번영을 누리게 된다. 포르투갈은 영국보다 노예 무역을 일찍 시작했지만 브라질 발견 이후에는 브라질에서의 플랜테이션 농업에 주력했다. 스페인은 금과 은을 찾아다니느라 노예 무역을 직접 전개하는 데 큰 관심을 두지 않았다. 물론 포르투갈도 금에 전혀 관심이 없던 것은 아니어서 브라질 내륙을 샅샅이 뒤져 금광을 찾아 나서기도 했지만, 그래도 포르투갈의 초기 브라질 식민 정책은 플랜테이션 농업이 중심이었다. 반면 영국은 식민지 개척에 있어 상대적으로 후발 주자였던 만큼, 더욱 적극적으로 노예 운송 사업을 벌였던 것이다.

페드루 알바레스 카브랄과 미지의 땅

17세기까지 카리브해와 함께 설탕의 주요 생산지였던 브라질은 1500년까지도 유럽에 알려지지 않은 땅이었다. 콜럼버스가 대서양 서쪽 항로를 개척해 아메리카에 닿았고, 바스쿠 다가마는 대서양 남쪽으로 나아가 아프리카 남단의 희망봉을 돌아서 인도양으로 갔지만 그때까지만 해도 여전히 대서양 서남쪽은 미지의 세계였다.

포르투갈은 바스쿠 다가마의 성공 덕분에 인도 서안의 캘리컷(현재의 코지코드)으로부터 값비싼 후추를 실어올 수 있었다. 그 항로는 리스본에서 출발해 카나리아제도와 아프리카 남단의 희망봉을 돌아서 인도양으로 진입한 후, 아프리카 동안으로 올라가 모잠비크에 잠시 들러 생활 물품을 구매한 뒤 다시 인도양을 통해 인도의 서해안에 도착하는 기나긴 여정이었다. 1500년, 바스쿠 다가마의 뒤를

페드루 알바레스 카브랄은 1500년 브라질을 유럽에 공식적으로 처음 알린 인물로, 대항해시대의 대표적 탐험가 중 한 명이다.

이어 제2차 인도 탐험대의 총사령관이 된 포르투갈의 귀족 출신 군사 지휘관 페드루 알바레스 카브랄Pedro Álvares Cabral은 이 항로를 따라 13척의 선단을 이끌고 리스본을 떠났다.

카브랄의 목적은 물론 후추를 가져오는 것이었다. 또한 현지에서 후추 무역을 관리할 상관 설치도 필요했다. 그런데 그의 선단이 희망봉으로 가는 도중, 풍랑을 만나 기존 항로를 벗어나 서남쪽으로 떠밀리는 바람에 예상치 못한 곳에 도착하고 말았다. 카브랄은 처음에 그곳이 섬일 것이라 생각했지만, 아무리 해안을 따라 탐사해도 끝이 보이지 않자 자신이 도착한 곳이 섬이 아닌 대륙일 거라고 확신하기 시작했다. 카브랄은 곧 그곳을 포르투갈 영토로 선언했다. 그 지역이 바로 현 브라질의 바이아Bahia주 일대다.

한 가지 흥미로운 점은, 카브랄의 브라질 도착은 단순한 '우연'이 아니라 '계획'의 결과일 수도 있다는 것이다. 그렇게 추측하는 이유는, 우선 카브랄의 대서양 서남쪽 항로는 풍랑을 만나 밀려난 결과라고 하기에는 지나치게 대서양 깊숙이 위치해 있다. 또한 몇몇 기록과 정황에 의하면 포르투갈은 이미 신대륙 및 브라질의 존재를 어렴풋이나마 인지하고 있었지만, 브라질을 포르투갈령으로 '공식 선언'하기 위해 브라질을 '발견'할 모험이 필요했다는 것이다. 물론 카브랄이 예기치 못한 표류로 브라질에 닿았든 포르투갈 왕실이 내린 비밀 임무 때문에 작정하고 대서양 서남쪽으로 향했든, 공식적으로는 그가 브라질을 처음 발견했으며 포르투갈의 땅이라고 선언한 최초의 유럽인이라는 사실에는 변함이 없다.

그렇게 포르투갈은 자국 면적의 약 92배에 달하는 광활한 영토를 얻었고, 1530년대부터 브라질에 총독부를 설치해 식민 통치를 시작했다. 이로써 브라질의 지난한 식민 착취의 역사가 막을 올리게 되었다.

브라질인은 다양한 축제를 열고 춤추기를 즐긴다. 오랜 착취와 식민의 역사를 지나 오며 그들 안에 쌓인 억압과 분노를 승화시키기 위해서였을지도, 혹은 그들의 슬픈 운명을 잠시나마 잊기 위한 것이었는지도 모른다. 온몸을 불태우는 듯한 리듬의 삼바Samba도 브라질에서 탄생했다. 그 격렬하고 뜨거운 춤은 이제 브라질을 넘어 전 세계의 축제와 무대 위를 장식한다. 억압의 기억으로부터 피어난 몸짓은 오늘날 세계 곳곳에서 이어지고 있다.

설탕 왕국 브라질의 탄생

1500년, 포르투갈의 인도 원정대 대장 페드루 알바레스 카브랄이 새로운 땅을 발견했다는 소식을 들은 몇몇 탐험가들은, 혹시라도 묻혀 있을지 모를 금을 찾아 '미지의 땅'으로 향했다. 그들은 카브랄이 기록한 항로와 해안을 따라 이동하며 금을 찾아다녔는데, 큰 성과는 없었다. 사실 소규모 탐사만으로는 해안을 벗어나 브라질의 깊은 내륙까지 들어갈 엄두를 내기는 어려웠을 것이다. 원주민을 중심으로 수소문한 결과, 내륙에는 식인 풍습을 지닌 원주민이 있었고 독충, 악어, 뱀이 가득하며 지형 또한 험난할 것으로 예상되었기 때문이다. 심지어 주로 농사를 짓고 살던 해안가의 원주민들은 금이라는 물질이 무엇인지조차 모르고 있었다. 미지의 땅 브라질은 보물이 묻혀 있기는커녕 점차 희망 없는 땅처럼 여겨졌다.

브라질 발견 이후 수십 년 동안, 신대륙에 정착해 살겠다는 사람은 거의 없었다. 문제는 그 틈을 타 프랑스 등 다른 유럽 국가들이 브라질에 접근해 무역을 시도하거나 나무를 불법으로 벌채하기도 했다는 것이다. 결국 왕실은 브라질에 대한 더욱 확실한 주권 행사와 본격적인 식민지 건설을 위해 포고령을 선포하고, 누구든지 그곳에 가서 땅을 일구고 농사를 지으면 해당 토지의 소유권을 부여하겠다고 발표했다. 그렇게 1530년대 중반부터 적극적으로 브라질 정착이 이루어지게 되었다.

초기 정착민들의 주요 수입원은 브라질나무 벌채였다. 총으로 무장한 포르투갈 정착민과 식민 당국 관리자들은 원주민을 위협해 나무 벌채 및 운송에 동원하며 그들을 사실상 노예와 다름없이 대했다. 브라질나무는 브라질에서만 자생하는 나무로, '파우브라질Pau Brazil' 혹은 '페르남부쿠pernambuco'라고 불렸다. 이 나무는 마치 피가 흐르는 듯한 붉은 속재를 가지고 있는데, 이를 가공해 옷감을 물들이는 염료를 만들 수 있었다. 당시 유럽 사회에서 염료는 매우 고가에 거래되는 품목이었다. 카리브해에서 인디고(쪽빛 염료)를 얻기 위해 식물이 재배되었던 것처럼, 붉은 염료를 내는 이 브라질나무도 돈이 되는 중요한 자원이 될 수 있었던 것이다. 또한 나무의 목질이 단단해 현악기용 활의 재료로도 활용되었다. '브라질Brasil'이라는 국명이 바로 이 나무의 이름에서 유래한 것이다. 다만, 현재 브라질나무는 남벌로 인해 멸종 위기에 처해 있으며 보호수로 지정되어 있다.

상파울루 식물원에 있는 파우브라질나무. 브라질의 국목國木이다.

정착민은 차츰 생계를 위해 농사에도 나섰다. 초기 정착지인 바이아주의 해안 지역은 토양이 비옥해 개간이 가능했기에 처음에는 소규모로 먹거리를 경작하며 살아갔다. 그러던 중, 카리브해의 히스파니올라섬 등지에서 사탕수수를 심어 큰 돈을 벌고 있다는 소식이 들려왔다. 이미 마데이라와 상투메에서 사탕수수로 재미를 보았던 포르투갈 자본가들은 곧 브라질로 눈을 돌려 설탕 제조 경험이 있는 기술자들을 브라질로 보내고 필요한 자금을 댔다. 그렇게 바이아주의 농지들은 점차 사탕수수밭이 되어 갔고, 두 곳뿐이었던 제당 공장은 기하급수적으로 늘어났다.

여러 차례 언급한 것처럼 설탕 산업은 극도로 노동집약적인 산업이기에, 브라질 또한 점차 만성적인 노동력 부족에 시달릴 수밖에 없었다. 처음에는 포르투갈 정착민을 노동력으로 활용했지만 그 정도로는 턱없이 부족해, 결국 나무 벌채에 이어 설탕 생산에도 현지 원주민을 강압적으로 동원했다. 브라질의 해안에는 투피Tupi족이라는 부족이 광범위하게 거주하고 있었다. 인구는 약 100만 명 정도로, 당시 포르투갈 본국 인구와 비슷한 수준이었다. 본래 투피족은 300명에서 2000명 규모의 부족 단위로 거주하며 카사바, 콩, 옥수수, 고구마, 담배, 목화 등을 재배하며 사는 농경민이었지만, 갑작스레 들이닥친 유럽인들은 이들을 노예로 착취하며 고된 일을 강요했다.

하지만 정착과 개발이 진행될수록 원주민 동원으로도 노동 수요를 감당하기 어려워지자, 대서양 노예상들을 통해 아프리카에서 브라질로 흑인 노예를 수입하기 시작했다. 흑인 노예가 원주민보다 더 비싸기는 했지만, 원주민은 숙련된 흑인 노동자들에 비해 노동의 질이 떨어졌고 유럽인과 함께 유입된 병원균에 매우 취약했기 때문

활과 화살을 든 투피족 남성의 초상화. 투피족은 브라질 해안에 광범위하게 분포했던 아메리카 원주민으로, 포르투갈인과 가장 먼저 접촉한 부족 중 하나였다.

이다. 이렇게, 브라질 식민 경제에 동원되는 노동력은 차츰 원주민에서 흑인 노예로 대체되어 갔다.

포르투갈이 브라질의 자원과 원주민 노동력을 착취하며 안정적으로 정착에 성공하면서, 브라질의 인구 구성은 큰 변화를 맞게 되었다. 대체로 남성 중심이었던 포르투갈 이주민과, 현지 원주민 여성과의 혼혈 인구가 크게 늘어난 것이다. 이는 현대 브라질의 인구 구성에도 영향을 미쳤는데, 현재 브라질은 백인과 혼혈이 전체 인구 중 각각 40퍼센트 이상을 차지하고 있으며 둘을 합치면 전체 인구의 90퍼센트에 달한다. 흑인은 10퍼센트가량이며, 원주민은 1퍼센트 미만에 불과하다. 수백 년 전에는 포르투갈 본토 인구와 비슷한 규모의 원주민 인구가 브라질 땅에 거주했지만, 지금은 백인과 혼혈 인구가 대다수를 차지하는 다인종 국가가 된 것이다. 브라질의 공용어 또한 포르투갈어를 기반으로 한 브라질식 포르투갈어이다. 남북 아메리카 전체를 통틀어 포르투갈어를 쓰는 유일한 국가이자, 세계에서 포르투갈어를 쓰는 인구가 가장 많은 국가이기도 하다.

또한, 과거 포르투갈의 플랜테이션 식민 통치 영향으로 브라질 경제의 핵심은 여전히 농업이다. 그리고 세계 최대의 설탕 생산국이기도 한데, 심지어 설탕을 가공하여 에탄올을 추출해 자동차 연료로 활용하고 있을 정도다. 설탕이 화석 연료마저 대체한, '설탕 왕국' 브라질의 현재 모습이다.

브라질 식민 경제의 확장과
야만적 노동 착취

포르투갈의 본격적인 브라질 정착과 개발 이후 사탕수수 플랜테이션은 무서운 속도로 바이아주 일대로 퍼져 나가, 1540년까지 브라질 남부 산타카타리나Santa Catarina섬에만 설탕 공장이 800개나 세워졌다. 브라질에서의 성공적인 플랜테이션은 유럽의 다른 국가에게도 영향을 주었는데, 17~19세기 네덜란드와 영국의 식민지였던 데메라라Demerara와 수리남Surinam 등 남아메리카 북쪽 해안에도 브라질과 유사한 시스템의 대규모 플랜테이션이 조성되어 약 2000개의 제당 공장이 가동되었을 정도였다. 브라질은 명실상부한 세계 제1의 설탕 생산지로 도약했고, 오늘날까지 6세기에 걸쳐 그 지위를 유지하고 있다.

다만 브라질은 넓은 땅에 비해 인구가 풍족하지 않았기에 아프리카 노예를 수입하지 않을 수 없었다. 또한 설탕뿐 아니라 커피 생산도 활발해지면서 노동력 수요는 더욱 늘어났다. 자료마다 차이가 있어 정확한 수치를 단정하기는 어렵지만, 1500년대 초부터 1866년까지 약 490만 명의 흑인 노예가 브라질로 유입되었는데 이는 아프리카에서 떠난 노예의 무려 40~45퍼센트를 차지한다. 브라질은 당시 흑인 노예를 사들였던 모든 지역을 통틀어 가장 많은 노예를 수입한 곳이었다.

한편 플랜테이션과 설탕 산업이 성행하던 1690년, 금과 은을 찾는 일에 몰두하던 스페인과 연합한 포르투갈은 마침내 브라질에서 금광을 발견한다. 이어 다이아몬드 광산까지 발견되었다. 이후 '골드러시gold rush', 즉 금을 캐서 한몫 잡으려는 수많은 사람들이 브라질을 향해 몰려들었다.

골드러시는 대규모 인구 이동을 유발한다. 인구가 쏠린 지역에서는 자연히 축산과 곡물 생산 등 농업이 활성화되며, 이를 위한 노동력도 추가로 요구된다. 이에 따라 1700년에서 1800년 사이, 브라질의 골드러시 절정기에는 기존 플랜테이션 농업뿐 아니라 광산 채굴이나 식량 생산을 위한 농업 및 축산업 분야에 약 170만 명의 아프리카 노예가 브라질로 유입되었다.

설탕이나 커피 생산뿐 아니라 광산업, 식량 농업 및 축산업, 운송업까지 성장해 브라질로 유입되는 인구가 급증하자, 브라질은 더 이상 아프리카 노예 수입만으로 노동력을 충당하기 어려운 수준에 이르렀다. 게다가 노예 운송은 시간이 지날수록 비용이 상승했고,

배 안에서 많은 노예가 질병으로 사망하는 등 조달에도 한계가 있었다.

브라질의 포르투갈인 고용주와 관리인들은 해결책을 찾아야 했다. 그때, 그들이 눈을 돌린 곳은 다름 아닌 브라질 내륙이었다. 브라질에는 초기 플랜테이션에 동원되었던 해안 지역의 원주민 투피족 외에도, 과라니Guarani족 등 여러 부족이 내륙에 흩어져 살고 있었다. 문제는 1755년 이후 브라질 내에서 법적으로 원주민 노예화가 금지되었다는 것이다. 이에 현지 관리인들은 내륙 원주민을 '합법적으로' 노예화하기 위한 방법을 고안했는데, 원주민을 일부러 도발해 분쟁을 일으킨 뒤 그들을 무력으로 제압하는 것이었다. 당시 원주민 사회에는 '전투에서 이긴 자가 패배자를 포로로 삼아 부릴 수 있다'는 오랜 전통이 존재했다. 포르투갈은 바로 이 점을 이용해 원주민들과 의도적으로 전투를 벌이고, 패배한 원주민을 포로로 삼은 뒤 노예화한 것이다. 이 밖에도 원주민을 몰래 납치해 광산이나 농장에 팔아 버리거나, 원주민에게 고리대금을 제공한 뒤 갚지 못하면 노예로 만들어 버리는 등 비열하고 야만적인 방식으로 원주민 착취가 이루어졌다.

노예 사냥꾼 반데이라

플랜테이션과 금광 개발이 겹치며 노동력 부족이 심화되던 시기, 브라질에는 '노예 사냥꾼'이라는 직업이 생겼다. 이들은 원주민 사냥을 위해 팀을 꾸려 조직적으로 움직였는데, 이런 사냥 행위 또는 노예 사냥을 위해 꾸려진 원정대를 '반데이라 bandeira'라고 불렀다. 반데이라는 포르투갈어로 '깃발'이라는 뜻인데, 노예 사냥꾼들이 깃발을 들고 다닌 것에서 비롯된 명칭이다.

이들은 지도도 없는 아마존의 깊숙한 내륙까지 뒤지며 원주민을 찾아다녔다. 아이러니하게도 이들이 노예 사냥을 위해 밀림을 탐사하며 남긴 자료들은 훗날 브라질 정부가 자국의 영토 경계선을 확정하는 데 결정적인 역할을 했고, 결과적으로 브라질의 영토 확장에 큰 기여를 하기도 했다.

지도도 없이 밀림을 헤매는 일은 당연히 무척 위험했다. 그럼에도 감행했던 이유는, 반데이라를 고용하고 원주민 포로를 노예로 사들이는 '고객'이 있었기 때문이다. 그 고객은 물론 플랜테이션 농장주와 노예 상인들이었다.

그런데 농장주와 노예 상인 말고도 반데이라를 절실히 필요로 한 또 다른 이해관계자가 있었다. 바로 금을 찾는 사람들이었다.

이에 따라, 반데이라는 다양한 직능을 가진 사람들로 구성되었다. 금을 찾는 일은 주로 스페인 출신의 광산 기술자들이 맡았고, 그 외에 노예 상인, 원주민이나 혼혈 출신의 안내인, 군인 출신의 무뢰한, 모험가, 지리와 밀림에 밝은 전문가, 토목과 수리에 능한 엔지니어, 잡일을 도맡을 원주민 일꾼이 모두 한 팀을 이루었다. 하나의 반데이라를 이루는 구성원 수는 50명에서 많게는 수백 명에 이르렀고, 통과하기 어려운 지역에서는 직접 도로를 만들고 수로를 뚫기도 했다.

반데이라의 주요 목표물 중 하나는, 로마 가톨릭 수도회인 예수회 선교사들이 목숨을 걸고 개척한 원주민 정착 마을이었다. 당시 스페인과 포르투갈의 선교사들은 내륙의 작은 원

가장 유명한 반데이란테 중 하나인 도밍구스 조르지 벨류(왼쪽). 반데이란테란, 반데이라를 이루는 구성원을 뜻한다.

주민 마을로 들어가 가톨릭 포교 활동을 벌이고 있었다. 16세기 중반 포르투갈의 왕 주앙 3세는 신심이 무척 깊은 젊은 국왕이었다. 그는 브라질의 원주민에게도 가톨릭 신앙을 전파하기 위해 예수회 선교사들을 브라질에 파견했다. 이들의 선교로 브라질 원주민 투피족과 과라니족 등 많은 원주민들이 가톨릭으로 개종했다.

이렇게 원주민을 포교와 계몽의 대상으로 여겨 그들에게 우호적이었던 예수회 선교사들과는 달리, 농장주나 광산업자들은 끊임없이 반데이라를 통해 예수회 선교사들이 개척한 내륙 마을의 원주민들을 납치해 노예로 삼았다. 선교사들은 물론 그들의 만행을 막으려 했고, 결국 반데이라와 선교사는 마주치는 곳마다 충돌할 수밖에 없는 적대적 관계에 놓이게 되었다.

가톨릭에는 예수회 말고도 다른 여러 수도회가 있다. 그런데 왜 주앙 3세는 다른 수도회가 아닌 예수회 수도사들을 브라질로 보냈을까? 그 이유는 예수회 특유의 실천적 신앙과 사명 의식 때문이다. 예수회는 스페인 성직자 이냐시오 로욜라 St. Ignatius Loyola 신부가 1539년 파리의 몽마르트르에서 파리대학 사제 여섯 명과 함께 창립한 수도회다. 이냐시오 로욜라는 교황과 수도회에 대한 헌신을 강조하며 선교를 수도회의 핵심 사명으로 삼았다. 이런 이념을 바탕으로, 예수회는 효과적이고 폭넓은 선교를 위해 선교지의 문화나 풍습을 깊게 연구하고 존중하는 방침을 전략으로 삼았다. 또한 학문과 교육을 매우 중시해 지식의 전파를 선교의 중요한 수단으로 여겼다. 이 때문에 예수회는 세계 곳곳에 많은 대학을 설립해 왔는데,

대표적으로는 미국의 조지타운대학교와 보스턴칼리지, 일본의 조치대학, 그리고 한국의 서강대학교가 있다.

예수회 선교사와 원주민, 반데이라 사이의 이러한 역사적 갈등을 다룬 영화가 바로 1986년작 〈미션 Mission〉이다. 실화를 바탕으로 한 작품으로, 제러미 아이언스와 리암 니슨이 각각 예수회 신부 '가브리엘'과 '존 필딩' 역을, 로버트 드니로가 노예 상인 '멘도자' 역을 맡았다. 영화는 1750년대 브라질, 파라과이, 우루과이, 아르헨티나 접경 지역에 있는 원주민 과라니족 마을에서 일어난 이야기를 토대로 그려진다. 외부인을 극도로 경계하는 원주민들, 그들을 선교하려는 예수회 신부들, 원주민을 노예로 잡아가려는 반데이라, 예수회를 신뢰하지 않는 교황청 사이의 관계를 중심으로, 원주민을 신앙의 품으로 인도하려는 예수회 신부와 원주민을 노예로 삼으려는 제국주의적 폭력 사이, 종교적 이상과 정치적 현실 사이에서의 딜레마를 섬세하게 보여 준다.

이 영화에 삽입된 〈가브리엘의 오보에〉라는 기악곡은 특히 유명하다. 가브리엘 신부가 자신에게 활을 겨눈 과라니족에게 오보에를 꺼내 연주하는 장면에 등장하는 곡인데, 원주민들은 곡의 아름다운 선율에 감복해 결국 무기를 내려놓고 가브리엘 신부를 받아들이게 된다. 영화를 대표하는 명장면이다.

네덜란드는 어떻게
브라질을 빼앗았나

17세기 중반, 브라질은 잠시 네덜란드의 지배를 받은 적이 있었다. 포르투갈이 장악해 성공적으로 개발하고 있던 브라질을, 어떻게 네덜란드가 빼앗아 식민지로 삼게 되었을까?

대서양, 지중해에 인접한 스페인과 포르투갈은 일찍부터 바다로 눈을 돌릴 수 있었고, 다른 유럽 국가들에 비해 빠르게 항로를 개척했다. 또한 이 두 나라가 자리한 이베리아반도는 그 이전에 이슬람 세력이 600년 넘게 지배하던 지역이다. 스페인과 포르투갈은 당시 유럽보다 크게 앞서 있었던 이슬람 문화의 유산과 기술, 지식을 바탕으로 국력을 키울 수 있었다.

그중에서도 영토가 넓지 않고 상대적으로 인구도 적었던 포르투갈은 더욱 적극적으로 대서양 항로 개척에 나섰다. 게다가 당시 베네치아나 제노바 같은 도시 국가들이 지중해를 통해 동방의 향신료를 유통하며 막대한 부를 축적하고 있었는데, 자본과 경험은 물론 제대로 된 배조차 없었던 포르투갈 상인들은 이를 그저 지켜볼 수밖에 없는 소외된 처지에 놓여 있던 상황이었다.

그러던 중 포르투갈의 왕자 엔히크 Henrique는 아프리카 서안 항해를 적극 후원하며 상인들을 독려했다. 그의 전폭적인 지지를 바탕으로 드디어 바스쿠 다가마가 인도로 향하는 항로 개척에 성공하면서, 포르투갈은 대항해시대의 문을 활짝 열게 되었다. 이후 다른 유럽 열강들의 항해와 탐험이 이어졌고, 포르투갈은 선두 주자로서 여러 식민지를 먼저 발견하고 장악해 향신료 무역의 주도권을 거머쥘 수 있었다. 이러한 공로로 엔히크 왕자는 오늘날 '항해 왕자 엔히크 Henrique, o Navegador'라고도 불린다.

이후 포르투갈은 인도 서안의 고아 Goa와 남부의 말라바르해안, 페르시아의 호르무즈 해협, 지금의 스리랑카인 실론 섬, 말레이반도의 말라카, 정향의 고향인 인도네시아의 트르나테와 티도레 및 암본, 육두구 산지인 반다제도까지 세력을 떨쳤고, 심지어 마카오,

포르투갈을 대항해시대의 주역으로 만든 엔히크 왕자.

바스쿠 다가마의 항로.

대만, 일본에도 진출했다. 더불어 자국 면적의 수십 배에 달하는 넓은 땅인 브라질을 식민지로 삼아 막대한 수익을 거두었다. 16세기는 명실상부한 포르투갈의 시대였다.

이처럼 포르투갈이 한 세기 넘게 눈부신 번영을 누리는 동안, 유럽 북부 저지대에 위치한 또 하나의 소국 네덜란드는 대서양 연안을 오가며 무역으로 나라 살림을 꾸리고 있었다. 이들의 주요 활동은 부유한 포르투갈의 도시 리스본에서 물건을 떼다 유럽 각지로 운송해 판매하는 일이었다.

당시 네덜란드는 유럽의 맹주였던 신성로마제국 합스부르크가의 지배 아래 있었고, 스페인의 식민지나 다름없는 작은 지방 정부에 불과했다. 그러다 스페인으로부터 독립하며 대항해시대 항로 개척과 향신료 사업에 본격적으로 뛰어들게 된 것이다. 점차 세력을 키워 나간 네덜란드는 인도의 후추, 동인도의 정향, 반다제도의 육두구, 그리고 브라질의 설탕 무역에도 개입하기 시작했고, 이미 향신료 무역와 설탕 산업을 선점해 큰 이익을 보고 있었던 포르투갈과 충돌할 수밖에 없었다.

1602년, 네덜란드는 네덜란드 동인도회사voc를 설립해 주식을 공모하고 막대한 자금력을 확보한 뒤, 대규모 선박을 건조하며 해상력을 강화했다. 그 결과 수 세기 동안 포르투갈이 구축해 온 무역 체계와 식민지가 차츰 네덜란드의 손에 넘어가기 시작했다. 네덜란드는 특히 포르투갈령 브라질을 호시탐탐 노렸는데, 브라질은 당시 세계 최대의 설탕 생산국으로 성장하며 포르투갈에 엄청난 부를 안겨 주고 있었고, 네덜란드는 설탕 산업에서 포르투갈뿐 아니라 영국, 프랑스에도 밀리고 있었기에 브라질이 무척 탐이 났던 것이다.

1629년 12월 26일, 66척의 네덜란드 함대가 대서양 중간 기착지 카보베르데에서 점검을 마친 뒤 7280명의 병력을 싣고 브라질 북쪽의 페르남부쿠로 출항했다. 이듬해인 1630년 2월, 네덜란드는 결국 포르투갈로부터 페르남부쿠를 빼앗고 그 지역을 '니우홀란트Niew Holland'라 명명하며 네덜란드의 식민지로 선언했다. 또한 페르남부쿠

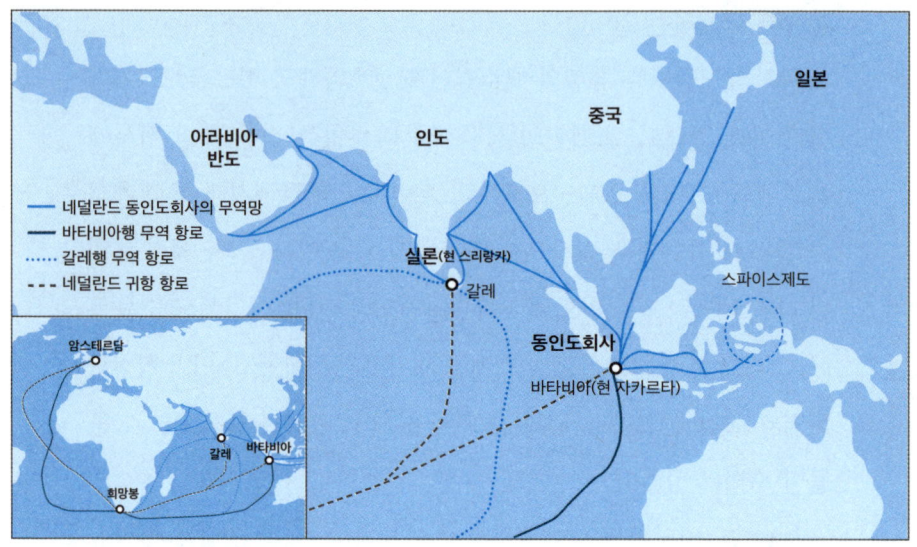

17세기 VOC의 무역 네트워크와 항로를 나타낸 지도. VOC는 아시아와 유럽을 잇는 거대한 무역망을 구축하고, 유럽 내에서 네덜란드가 해상 무역과 금융의 중심지로 부상하는 데 핵심 역할을 했다.

에 위치한 도시 헤시피(네덜란드는 이 도시를 당시 브라질 총독 요한 마우리츠의 이름을 따 마우리츠스타트Mauritsstad라고 불렀다.)를 수도로 삼고, 본격적인 네덜란드 브라질Dutch Brazil 시대를 열었다.

그러나 네덜란드 브라질 시대는 오래 가지 못했다. 네덜란드는 포르투갈 농장주가 버리고 간 수많은 플랜테이션 농장을 그대로 인수해 운영했는데, 설탕 산업 경험이 부족했던 탓에 포르투갈이 구축한 플랜테이션 시스템과 생산 체계를 제대로 유지하지 못했다. 이로 인해 설탕 산업은 브라질에서 바베이도스, 생도맹그, 자메이카 등 카리브해 지역으로 중심지가 이동하게 된다.

또한 소국이었던 네덜란드는 브라질에 정착민을 늘리는 데 한계가 있었고, 결국 기존에 거주하던 포르투갈인이나 혼혈 원주민 등을 그대로 흡수하는 정책을 펼칠 수밖에 없었다. 한편 포르투갈은 브라질을 되찾기 위해 끊임없이 도전해 왔고, 네덜란드는 브라질 점령 기간 내내 끝없는 전쟁에 시달려야 했다. 안으로도 밖으로도 브라질을 효과적으로 지배하기 어려운 상황이었다.

다만 이러한 어려움 속에서도 네덜란드는 강력한 해군력을 바탕으로 대서양 운송로를 장악하며 브라질 연안 도시 개발에 주력했다. 수도로 삼은 헤시피는 물론, 브라질 남쪽 연안에도 항구 도시와 운송 거점을 조성했다. 영토도 인구도 크지 않았던 소국 네덜란드는 유럽 주요 시장과의 원활한 무역이 국가 경제 및 안보와 직결된다는 사실을 잘 알고 있었고, 자국의 강점인 강한 해군력을 극대화할 수 있는 최적의 전략이 바로 항구 도시 조성이었기에, 이는 네덜란드 식민 정책의 핵심 과제였던 것이다.

브라질리언이라 불린 네덜란드인 식민 총독

1637년, 네덜란드의 요한 마우리츠_{Johan Maurits van Nassau-Siegen}가 브라질 총독으로 부임했다. 그는 신성로마제국의 공국인 나사우-지겐_{Nassau-Siegen} 출신으로, 네덜란드 독립의 상징적 지도자인 빌렘 1세(오라녜 공작)의 조카 손자이다. 1602년에 태어나 1679년에 사망했으며, 그가 살았던 헤이그의 저택은 오늘날 네덜란드 최고의 미술관 중 하나인 마우리츠하위스_{Mauritshuis}로 사용되고 있다. 이 미술관은 루벤스와 렘브란트 등 플랑드르 화가들의 작품이나 '네덜란드의 모나리자'로 불리는 요하네스 베르메르의 <진주 귀걸이를 한 소녀> 등 유명한 작품들을 다수 소장하고 있어 명성이 높다.

자카르타를 정복하고 인도네시아 장기 통치 기반을 다진 네덜란드 동인도회사의 얀 코엔_{Jan Coen}과 함께, 서인도회사_{WIC}로부터 브라질 식민 총독으로 임명된 요한 마우리츠는 대항해시대의 또 다른 영웅으로 한때 존경받았다. 그는 본국에서 건축 기술자들을 불러와 헤시피를 자신이 꿈꾸던 모습의 도시로 재건했다. 신시가지 조성과 함께 다수의 공공건물을 짓고, 남미 최초의 교량과 운하도 건설했다. 이 도시는 그의 이름을 따 '마우리츠스타트'로 불렸다.

    마우리츠는 식민지의 북쪽과 남쪽을 지속적으로 탐사하며 영토를 확장했다. 인프라 건설 비용은 현지에서 약탈한 재물로 충당하거나, 부족한 경우에는 개인 자금으로 메우기도 했다. 그는 브라질의 자연과 문화에 깊은 관심을 보였고, 브라질이 지닌 잠재 가치를 높이 평가하여 마우리츠스타트를 아름답고 살기 좋은 도시로 만들고자 했다. 마우리츠가 남긴 식민지 인프라는 서인도회사의 이사진들조차 놀랄 만큼 인상적인 수준이었다. 이 때문에 그는 '브라질리

요한 마우리츠의 초상화. 그는 17세기 중반 브라질 북동부 지역을 통치하며 식민지 경영과 문화 사업을 주도했다.

언'이라는 별칭으로 불리기도 했지만. 식민 통치는 필연적으로 노예 무역, 식민지 수탈, 원주민 억압을 수반하기에 오늘날 마우리츠에 대한 평가는 명과 암이 공존한다.

마우리츠는 1644년 네덜란드로 돌연 귀국하는데, 명확한 사유는 전해지지 않는다. 다만 서인도회사 이사진들과의 갈등, 복잡했던 당시 네덜란드의 정치 환경, 조국을 향한 끊임없는 헌신에 따른 피로감 등이 복합적으로 작용했을 것으로 추정된다. 당시 유럽은 영국과의 전쟁으로 인해 대서양의 제해권을 둘러싼 갈등이 극심하던 시기였다.

마우리츠가 떠난 이후 네덜란드는 브라질에 대한 지배력을 크게 잃었고, 브라질에 여전히 남아 있던 포르투갈계 정착민의 강력한 도전에 직면했다. 애초에 지배층인 네덜란드인은 소수였고, 인구의 다수가 포르투갈계 정착민이나 혼혈계, 원주민이었던 만큼 통제가 쉽지 않았다. 게다가 브라질의 서인도회사 직원들은 대부분 임시로 파견된 '월급쟁이'에 불과해, 브라질 식민 경영에 진지하지 않았다.

결국 1649년 과라라페스Guararapes 전투에서 포르투갈이 결정적인 승리를 거두며, 1654년 네덜란드는 브라질을 포르투갈에 다시 넘겨주게 된다. 이로써 네덜란드의 브라질 점령기는 막을 내렸고, 브라질은 설탕 생산 중심지로서의 위상을 카리브해 지역에 내주며 차츰 쇠퇴의 길을 걷게 되었다.

브라질을 뒤흔든 골드러시

 이제 브라질의 골드러시에 대해 살펴보려 한다. 브라질의 설탕과 금은 떼려야 뗄 수 없는 밀접한 관계를 맺고 있다.

 브라질 남쪽과 남서쪽에서 금이 발견되자, 바이아주 일대에서 사탕수수 농장을 꾸리며 살던 많은 포르투갈인들이 금을 찾아 남쪽으로 몰려들었다. 이들 중 상당수는 본래 마데이라제도나 아소르스제도, 상투메 등 포르투갈령 대서양 도서 지역 출신으로, 본토와도 멀리 떨어진 그 섬들에서 사탕수수 농사를 짓다가 또다시 대서양을 건너 브라질이라는 낯선 땅에 정착해 살던 사람들이었다. 이미 설탕 산업에 능했던 이들은 브라질을 세계적인 설탕 생산지로 만들었고, 포르투갈의 브라질은 오래도록 설탕으로 번영을 누릴 수 있었다.

 하지만 이때까지만 해도 포르투갈의 브라질 식민지 영토는 북동부 바이아주 일대와 페르남부쿠 지역 일부가 전부였다. 이 작은 땅이 주는 수익에만 몰두한 결과, 포르투갈은 내륙이나 남쪽으로는 영토를 확장하지 못한 채 페르남부쿠의 설탕 생산지를 네덜란드에 빼앗기고 만다. 이후 네덜란드에 빼앗긴 북동부 영토를 회복한 뒤에야, 포르투갈은 본격적으로 브라질 내륙 깊숙한 곳까지 탐사에 나서게 된다. 탐사의 목적은 영토 확장과 더불어 금광 발견, 그리고 플랜테이션 농장에 고용할 원주민 노예 사냥 등이었다.

지도조차 없는 미지의 땅을 탐사하는 일은 극한의 환경에 맞서는 일과도 같았다. 급류와 늪지, 정글과 맹수, 독충이나 모기 따위는 물론 사나운 원주민의 공격 또한 감수해야 했다. 이에 따라 탐사대는 토목, 건축, 광산, 상업, 성직, 군사, 생물 등 각 분야 전문가로 구성된 대규모 조직으로 꾸려졌는데 이 조직을 반데이라, 구성원을 반데이란테bandeirante라고 불렀다. 반데이라는 원주민 마을을 무력으로 제압하고 주민을 노예로 삼았으며, 동시에 금과 은, 다이아몬드, 에메랄드 등을 찾아다녔다. 또한 탐사지를 포르투갈령이라 선언하며 깃발을 꽂는 역할도 수행했다. 이 과정에서 브라질의 영토는 세 배 이상 확장되었다.

사실 포르투갈이 브라질을 발견해 플랜테이션을 경영하고 내륙을 샅샅이 뒤지며 금광을 찾기 이전, 스페인인들은 16세기 초부터 남아메리카 일대에서 금은 채굴과 기독교 전파에 몰두해 왔다. 그 결과 스페인은 아르헨티나, 우루과이, 파라과이, 볼리비아, 칠레 등 남아메리카의 넓은 영역에 자신들의 식민지를 세울 수 있었다. 이런 역사로 남아메리카에서 포르투갈어를 공용어로 사용하는 나라는 오직 브라질뿐이고, 나머지 국가들은 모두 스페인어를 공용어로 사용하게 된 것이다.

아무튼 반데이라의 꾸준한 브라질 내륙 탐사와 활약(?)으로 마침내 포르투갈인들도 금을 발견하게 되었고, 이로써 브라질 골드러시 시대의 막이 오른다. 금광이 처음 발견된 곳은 브라질 남부, 소수의 포르투갈계 인구가 정착해 살던 상파울루의 북쪽 미나스제라이스 Minas Gerais 일대였다. '골드러시'라는 말 자체가 금을 찾아 인구가 물밀듯 몰려든다는 뜻인 만큼, 미나스제라이스는 곧 브라질의 새로운 중심지로 떠올랐다. 이로써 브라질 경제의 중심축이 설탕에서 금으로 이동하는 중요한 전환점을 맞이하게 된다. 또한 200여 년 동안 수도 역할을 했던 바이아주의 사우바도르는 점차 그 기능을 잃었고 행정과 정치의 중심이 남쪽 상파울루로 옮겨 갔으며, 경제 중심지는 리우데자네이루로 대체되었다. 브라질의 무게 중심 자체가 북동부에서 남부로 급격히 기울게 된 것이다.

그렇다고 북동부 설탕 산업이 완전히 몰락한 것은 아니었다. 다만 카리브해 지역과의 설탕 산업 경쟁에서 한때 주춤했을 뿐이며, 브라질의 설탕 산업은 오히려 카리브해의 여러 지역보다 훨씬 오랫동안 유지되었다는 점은 분명히 짚고 넘어갈 필요가 있다. 오늘날에도 브라질은 여전히 세계적인 설탕 생산국으로서의 위상을 지키고 있다.

골드러시는 브라질뿐만 아니라 세계 곳곳에서 발생해 왔는데,

일반적으로 그 기간이 짧았다. 사람이 몰려들수록 금은 금방 고갈되고, 금이 고갈되면 골드러시는 순식간에 끝나 버리기 때문이다. 골드러시로 몰려온 이들 중에는 광산에서 금을 채굴하는 광부 외에도 물자 거래상, 식료품 상인, 채소 장수, 성직자, 일반 상인, 매춘부, 도박꾼, 사기꾼 등 다양한 계층의 사람들이 포함되어 있었지만, 금이 마르면 사람들은 미련 없이 바람처럼 흩어져 사라졌다.

  골드러시가 지나간 자리에는 한때 호텔, 사무실, 교회, 상점, 술집이었던 빈 건물들이 버려진 채, 사람과 돈과 욕망이 북적이던 과거가 무색할 만큼 황량함과 정적만이 감돈다. 나는 이러한 풍경을 실제로 목격한 바 있다. 호주 서쪽의 아웃백 123번 도로 어딘가에 위치한 샌드스톤이라는 마을, 그리고 뉴질랜드 남섬 퀸스타운 근처의 어떤 마을에서 그 쓸쓸한 흔적을 본 적이 있다. 미국 서부 영화에 자주 등장하는 황량한 마을의 모습은 실제 골드러시가 남긴 풍경을 떠올리는 데 큰 도움이 된다.

황금의 땅 미나스제라이스

미나스제라이스 골드러시는 포르투갈, 영국, 스페인 등 유럽 출신 광산 노동자와 아프리카 노예 수십만 명이 유입될 정도로 대규모였다. 바이아주의 사탕수수 농장에서 일하던 많은 이들도 농장을 포기하고 광산으로 몰려들 정도였다.

초기 골드러시의 중심지는 미나스제라이스 지방의 빌라리카Vila Rica(영어로는 'Rich Town'이다.)라는 마을이었다. 이곳은 평균 해발고도가 1116미터에 달하는 고지대라 접근이 쉽지 않았는데도, 1695년경 흐르던 개울에서 금 알갱이가 발견되었다는 소식이 퍼지자마자 황금에 눈이 먼 이들이 마구 쏟아져 들어왔다. 몇몇 정착민만이 살던 산속의 작은 마을인 빌라리카의 인구는 얼마 지나지 않아 4만 명에 달했고, 몇 년 후에는 8만 명을 넘어섰다. 당시 북미의 뉴욕 인구가 그 절반에도 미치지 못했다는 점을 생각하면 이 도시가 얼마나 빠르게 성장했는지 짐작할 수 있다. 이후 빌라리카라는 도시명이 오루프레투로 바뀌었고, 오루프레투는 1897년까지 미나스제라이스의 주도 역할을 했다.

이 지역에서의 골드러시는 무려 200년 동안이나 이어졌는데, 이는 역사상 가장 오랜 기간 지속된 골드러시다. 이후 오루프레투는 차츰 브라질의 경제 및 문화 중심지로 부상하게 되어, 식민지 행정을 담당하는 관료 조직도 이곳을 중심으로 설치되었다.

그렇다면 오늘날 오루프레투의 모습은 어떨까? 현재는 인구 7만 명 남짓의 작은 관광 도시로 남아 있다. 다만 일반적으로 골드러시가 끝난 지역은 크게 쇠퇴하는데, 오루프레투는 예외적으로 그러한 운명을 피했다. 이 도시에 남아 있는 포르투갈풍 로코코 건축물과

오루프레투, 상파울루, 리우데자네이루의 위치. 골드러시 이후 브라질 북동부 설탕 산업 중심지에서 금을 따라 남동부로 경제 중심이 이동했는데, 그 출발점이 바로 이곳 오루프레투였다.

정원들은 브라질의 중요한 문화유산이 되어, 오루프레투 도시 전체가 유네스코가 지정한 세계유산으로 등재되어 있다.

골드러시 시기 오루프레투에서 생산되어 포르투갈로 수출된 금은 공식 기록만으로도 800톤이 넘는다. 이 통계에는 불법 채굴된 금과 브라질 내에서 소비된 금은 포함되지 않았으니, 얼마나 많은 금이 오루프레투의 광산에서 채굴되었는지 알 수 있다. 오루프레투의 금은 상파울루와 리우데자네이루 항구를 통해 유럽으로 수송되었고, 이를 기반으로 두 도시 또한 빠르게 성장했다. 이로써 브라질은 '북쪽의 설탕, 남쪽의 금'이라는 이중 경제 구조를 갖추게 되었다.

한편, 금을 찾아 몰려든 이들은 오루프레투에만 머무르지 않았다. 북서쪽 땅에도 금이 있을 것이라는 희망을 안고 지속적으로 탐사를 이어 갔다. 그러다 마침내 오루프레투에서 멀리 떨어진 지금의 마투그로수 Mato Grosso 주의 쿠이아바 Cuiabá 강변에서도 금맥이 발견된다. 이 지역은 아마존강에서 갈라져 남서쪽으로 흘러가는 파라나 Paraná 강 너머 현재의 볼리비아 국경 부근에 위치한 곳으로, 상파울루에서 약 3500킬로미터나 떨어진 먼 곳이다. 하지만 쿠이아바에서 금이 발견되었다는 소식이 들려오자 사람들은 수개월 이상이 필요한 그 먼 여정을 기꺼이 감행했다. 또 하나의 골드러시가 일어난 것이다. 아마도 "목숨이 대수랴, 금이 있다는데"라는 심정이었을 것이다. 18세기 초 쿠이아바 골드러시에 달려든 이들은 7000명에 달했고, 그중 2600명은 채굴을 위해 노동력으로 끌려온 노예였다. 다

오루프레투의 현재 모습. 한때 브라질 골드러시의 중심지였던 오루프레투는 독특한 식민지 건축 유산 덕분에 유네스코 세계유산으로 지정되었고, 현재는 브라질을 대표하는 관광 도시 중 하나로 자리 잡았다.

만 약 2년 동안 집중적으로 금을 채굴한 결과 금맥은 빠르게 고갈되었다.

쿠아이바에서 채굴된 금은 파라과이강을 따라 카누에 실려 남쪽 상파울루로 운송되었는데, 이 긴 여정에는 늘 위험이 도사리고 있었다. 파라과이강은 아마존강과 파라나강에 이어 남미에서 세 번째로 긴 강으로, 총 길이가 2550킬로미터에 이른다. 브라질 마투그로수주에서 발원해 남서쪽으로 흐르며 파라과이와 브라질 국경을 따라 이어지고, 파라과이 내륙을 지나 아순시온Asunción을 감싸 흐른 후, 다시 남쪽으로 내려가 아르헨티나의 부에노스아이레스를 지나 대서양으로 빠져 나간다. 런데 이 강을 오랫동안 터전으로 삼아 온 파야구아Payaguá라는 부족이 외부인의 물자뿐 아니라 목숨까지 빼앗는 약탈을 벌였다. 외지인이 자신들의 터전을 마음대로 나다니는 게 달갑지 않았기 때문이다. 주요 공격 대상은 파라과이강을 따라 금을 운반하거나 노예 사냥을 하던 포르투갈과 스페인 사람들이었다.

남미에는 수백에 이르는 원주민 부족이 존재했으며, 그중 일부는 아즈텍, 마야, 잉카와 같이 강력한 왕권을 지닌 국가를 이루기도 했다. 하지만 브라질 동부에는 그 정도의 문명사회가 존재하지 않았기에, 유럽인들은 대대적인 전쟁 없이도 약소 부족을 쉽게 제압할 수 있었다. 그러나 파야구아족은 브라질 동부의 여러 부족 중에서도 내륙 깊이 은둔하며 사는 소수 민족이었다. 주로 강에서 물고기를 잡거나 식용 식물을 채집하며 살았는데, 성정이 사나워 다른 부족을 약탈하기도 했고, 예수회 선교사 등 유럽인들도 그들을 두려워할 정도였다고 전해진다.

파야구아족은 파라과이강의 남북 지역에 각각 거주하며 활동했는데, 남쪽 부족은 주로 스페인인을 공격했고 북쪽 부족은 파라과이강을 통해 금을 운송하던 포르투갈인을 자주 습격하곤 했다. 1720년대에는 북쪽 파야구아족에 의해 200명이 몰살당했고, 1730년 경에는 800명의 파야구아족이 400명 규모의 호송대를 전멸시키며 금 수백 킬로그램을 강물에 던져 버리는 일도 있었다. 파야구아족에게 금은 별반 가치가 없었기 때문이다. 이 사건에서 살아남은 이들은 단 4명뿐이었고, 그들은 몇 달에 걸친 지옥 같은 육로 행군 끝에 간신히 생환했다고 전해진다. 1734년에는 포르투갈이 징벌대를 결성하여 파야구아족 마을을 찾아내 파괴하기도 했지만, 이듬해 파야구아족이 또다시 호송대를 습격하여 모두 살해하는 참극이 벌어졌다. 이후 쿠이아바 금광의 생산량이 줄어들고 운송이 중단되며 대규모 충돌은 사라졌지만, 소규모 습격은 이후에도 종종 발생했다.

한편, 남쪽 파야구아 부족은 스페인과 협상을 이루어 어업 활동을 통한 생존을 모색하기도 했으며 19세기에 들어서는 파라과이 정부가 이들에게 강 일대를 지키는 경찰 역할이나 목재 운송 등을 맡기기도 했다. 그러나 파야구아족은 질병, 근친혼에 따른 생물학적 감소, 과라니족 사회와의 통합 등으로 점차 사라져 갔다. 알려진 마지막 파야구아인인 마리아 도밍고 미란다^{Maria Domingo Miranda}가 1942년에 사망하면서, 파야구아족은 역사 속으로 완전히 사라졌다.

7장

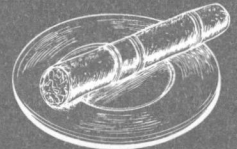

사탕수수와 럼,
시가와 낭만의 섬 쿠바

'슈거 볼'의 나라

18세기부터 20세기 중반까지 세계 최대의 설탕 생산지는 바로 쿠바였다. 약 150년 동안 쿠바는 '세계의 설탕 그릇(슈거 볼)'이라 불릴 만큼, 설탕 산업은 쿠바 그 자체였다.

콜럼버스가 쿠바에 처음 상륙한 이후, 스페인은 1511년부터 1898년까지 무려 380여 년 걸쳐 쿠바를 통치했다. 다만 카리브해의 다른 섬들이나 브라질과는 달리 16~17세기 쿠바에서는 사탕수수 재배 등 농업이 활발하지는 않았는데, 그 이유는 앞서 여러 차례 언급했던 대로 스페인의 식민 수탈 목적이 농사에 있지 않았기 때문이다. 스페인은 오직 금을 원했고, 금이 없다면 차선으로 은을 찾았다. 그러나 쿠바에는 금이나 은이 거의 없었기에, 스페인은 이 섬을 북아메리카와 멕시코 및 카리브해 식민지를 관리하고 본국과의 물류를 중계하는 거점으로만 활용했다.

  그러던 중 1791년, 프랑스 식민지였던 히스파니올라섬 생도맹그에서 흑인 노예 반란이 일어났다. 프랑스의 플랜테이션 농장주들은 급히 북미 프랑스령 루이지애나와 쿠바로 도피했다. 이때 설탕 생산 장비, 숙련 기술자, 아프리카 노예 인력과 함께 설탕 산업 투자 자본이나 유럽 시장 네트워크까지 함께 쿠바로 이동했다. 게다가 쿠바는 평탄한 지형, 비옥한 토양, 적절한 강우량 등 사탕수수 생산에 필요한 모든 조건을 적절하게 갖춘 땅이다. 쿠바의 설탕 산업은 빠르게 성장하기 시작했다.

  나는 언젠가 쿠바 사탕수수밭에 잘못 들어갔다가 길을 잃은 적이 있다. 드넓은 평야에 키가 다 자란 수숫대가 빼곡히 들어서 있어 동서남북 방향을 가릴 수 없었고, 결국 밭 한가운데서 빙빙 돌기만 했었다. 쿠바는 이렇게 국토의 대부분이 평지로 이루어져 있어 사탕수수를 재배하기 매우 적합하고, 토양도 비옥하다. 그러나 설탕 생산에서 중요한 건 무엇보다 '인력'이다. 쿠바는 활용할 수 있는 현지 원주민 인력이 거의 없어, 카리브의 다른 섬들과 마찬가지로 아프리카에서 들여오는 노예에 전적으로 의존할 수밖에 없었다. 19세기, 쿠바 설탕 산업이 번성하던 시절에는 백만 명에 이르는 아프리카 흑인들이 섬으로 유입되었다.

  설탕 산업이 있기 전 쿠바는 어떤 땅이었을까? 콜럼버스는 1492년 지금의 바하마 군도에 상륙해 그곳에 살고 있던 낯선 모습의 원주민들과 만났다. 그는 자신이 발견한 땅을 죽을 때까지 인도라 믿었으므로, 원주민 또한 인도 사람이라는 뜻의 '인디언'이라 불렀다. 원주민들은 갑자기 나타난 다른 생김새의 이방인을 보고 크게 놀랐지만, 곧 경계를 풀고 옥수수와 카사바를 건네며 따뜻하게 환영해 주었다. 자신들이 앞으로 어떤 끔찍한 일을 당하게 될지는 꿈에도 몰랐을 것이다.

후세의 연구에 따르면 쿠바 원주민 대부분은 아라와크족이었고, 일부는 타이노족이었다. 이들은 수렵과 채집, 그리고 옥수수와 카사바 농사를 생계 수단으로 삼으며 수천 년을 평화롭게 살아온 농경 민족으로, 쿠바섬에는 약 5만 명의 원주민이 거주하고 있었다. 콜럼버스는 1차 항해 후 이들 중 수백 명을 스페인으로 데려갔는데, '신대륙 발견'의 증표로 삼고 노예로 쓰기 위해서였다. 하지만 모두 항해 도중, 또는 스페인에서 병과 추위로 죽고 말았다. 유럽인이 가지고 있던 병원균에 면역이 없던 탓이다. 쿠바 외 카리브해의 다른 섬에도 아라와크족과 타이노족이 살고 있었지만, 그들도 마찬가지로 유럽인이 들여온 전염병 때문에 대다수가 목숨을 잃었다. 참고로 히스파니올라섬의 경우 스페인이 16세기 초에, 프랑스가 17세기 초에 들어와 사탕수수를 재배하며 부를 쌓는 동안 원래 25만여 명이었던 원주민은 유럽인이 들어온 지 20년 후 5만 명, 이후 20년 뒤 500명, 1650년엔 '0명'이 되었을 정도였다.

한편, 20세기에 들어서며 카리브해의 많은 섬이 유럽의 식민 지배에서 벗어나 독립 국가가 되었다. 일반적으로 한 국가의 성립은 특정 지역에 오랜 세월 뿌리내리고 살아온 토착민이, 자신들만의 문화를 형성하고 점차 정치 제도를 갖추어 나가며 이루어진다. 그러나 아메리카 대륙과 카리브해 국가들은 이와는 다른 과정을 거쳤는데, 다른 대륙에서 건너온 이주민들이 원주민을 지배하거나 밀어내고 그 땅의 새로운 주인이 되어 국가를 세운 경우가 많았기 때문이다. 초기 아메리카 대륙 이주민은 대부분 유럽인이었고, 대개 그들을 중심으로 국가가 형성되었다. 카리브해의 여러 섬나라 또한 토착민이 아닌 이주민을 중심으로 형성된 것이지만, 대륙과는 달리 유럽인이 아닌 아프리카계 후손들이 주축이었다는 점에서 차이가 있다. 자메이카, 아이티, 바베이도스 등 일부 카리브해 국가는 전체 국민의 90퍼센트 이상이 아프리카에서 끌려온 노예의 후예들이다.

그런데 쿠바는 카리브해의 다른 섬들과는 또 다른 경우이다. 쿠바에도 한때 노예 무역을 통해 백만 명의 아프리카 흑인 노예가 유입되었지만, 그들이 쿠바의 '주인'이 되지는 않았다. 가장 최신 자료인 2012년 기준 쿠바의 인종 분포를 살펴보면 백인 64.2퍼센트, 메스티소 mestizo(유럽인과 아메리카 원주민 혼혈) 및 물라토(유럽인과 아프리카 흑인 혼혈) 26.6퍼센트, 흑인 9.2퍼센트, 아시아계는 1퍼센트 미만으로 이루어져 있다. 아이티와 자메이카와는 달리 쿠바는 백인과 혼혈 인종 중심의 사회인 것이다. 이는 스페인계 백인 유입 이후 원주민 여성과의 혼혈 인구가 크게 증가했고, 쿠바 혁명 이후 정부가 인종 차별 철폐를 위해 인종 간 통합을 적극 장려하는 정책을 펼쳐 왔기 때문이다.

1998년 사업차 쿠바 엑스포에 참가했을 때, 구름같이 몰려드는 사람들을 관찰하며 그 사실을 새삼 체감한 적이 있다. 피부색이 짙은 흑인은 적었고, 혼혈이나 백인처럼 보이는 얼굴이 대부분이었다. 이들 속에서, 한국 부스를 찾아온 두 명의 한인계 소녀들과 만난 일은 내게 특별한 기억으로 남아 있다. 소녀들은 20세기 초 쿠바 사탕수수밭에서 일하기 위해 멕시코를 통해서 이주해 온 한인 여성과 현지인 남성의 후손이었다. 두 소녀는 휠체어를 탄 할머니와 함께 왔는데, 한국어가 서툴렀던 그 할머니에게 한인 기업인들은 선물 보따리를 가득 챙겨 주었다.

콜럼버스를 사로잡은 '연기 나는 마른 풀'

1492년 히스파니올라에 상륙한 콜럼버스 일행은 섬 주위를 탐사하던 중, 북서쪽 바다 건너에 숲이 우거진 육지처럼 보이는 땅을 발견했다. 그 땅에 조심스레 발을 내딛은 순간, 아마 콜럼버스는 "목숨을 건 모험 끝에 마침내 인도 대륙에 도착했구나"라며 감격했을 것이다. 또한 한눈에 보아도 비옥한 옥토처럼 보이는 그 땅에서, 이제 얼마나 많은 금과 향신료를 얻을 수 있을지 잔뜩 기대에 부풀었을 것이다. 물론 그곳은 인도가 아니라 쿠바섬이었지만 말이다.

금 등 돈이 될 만한 자원은 없는지, 인도라고 믿은 그곳을 탐사하던 어느 날이었다. 콜럼버스 일행은 원주민들 사이에서 처음 보는 특이한 광경을 목격했다. 남녀노소를 불문하고, 원주민들은 기다란 막대에 마른 풀 같은 것을 넣고 불을 붙여 연기를 들이마셨다 내

뿜기를 반복하고 있었다. 이후 콜럼버스는 그 연기 나는 풀의 정체가 '토바코 tobacco'라는 식물임을 알게 되었다. 담배가 유럽인에게 처음 알려진 순간이었다.

담배는 쿠바뿐 아니라 카리브해 전역의 원주민들이 수천 년에 걸쳐 애용해 왔다. 스페인 탐험가들이 담배의 존재를 알게 된 이후로 지금까지, 담배는 500년이 넘는 세월 동안 전 세계인으로부터 최고의 기호품이자 삶의 위안거리로서 사랑받고 있다.

스페인은 발 빠르게 쿠바와 히스파니올라섬 등 식민지에서 담배를 상업적으로 재배하기 시작했다. 이후 1559년 포르투갈 주재 프랑스 대사 장 니코가 담배 씨앗과 잎을 프랑스 왕실에 전달하면서 프랑스에도 담배가 소개되었고, 1560년경부터는 프랑스에서도 재배가 시작되었다. 쿠바에는 1580년경 플랜테이션 농장이 들어섰고,

20세기 초 쿠바 담배 농장의 모습을 담은 엽서.

담배는 빠르게 쿠바의 주요 수출품으로 자리 잡아 17세기 이후부터는 담배와 설탕이 쿠바 경제를 지탱하는 양대 품목이 되었다. 이렇게 담배는 설탕과 마찬가지로 금세 유럽인들을 매료시켰고, 유럽 전역과 아시아 등지로 퍼져 나가며 큰 이윤을 창출하는 수익성 작물로 변모해 갔다.

참고로 우리나라에는 광해군 때 담배가 처음 들어온 것으로 알려져 있고, 전국적으로 널리 유통되기 시작한 것은 조선 후기의 일이다. 이후 일제강점기인 1921년 조선총독부가 연초전매령을 공포하며 담배 제조와 유통을 독점했는데, 해방 이후에도 이 체제가 한동안 이어졌다. 이 전매 독점 정책으로 인해 우리나라에서는 1980년대 중후반까지 수입 담배의 국내 유통이 허용되지 않았고, 수입 담배를 '양담배'라 부르며 쉽게 접할 수 없었던 때가 있었다.

어린 시절, 나의 조부는 매년 텃밭에 담배를 심어 수확한 후 작은 다발로 묶고, 그 작은 다발들을 다시 큰 다발로 모아 헛간 그늘에서 겨우내 말리셨다. 판매 용도는 아니었고 직접 피우기 위해 재배하신 것으로 기억한다. 놋쇠로 만든 주물 연통과 긴 대나무 파이프, 그리고 놋쇠 물부리가 달린 장죽이 늘 조부 곁에 있었다. 놋쇠 재떨이에 재를 탁탁 털어 내는 쇳소리는 사랑방으로부터 자주 들려오는 소리였고, 그 소리만 들어도 조부가 기침하셨는지를 짐작할 수 있었다.

시가 연기와 럼에 담긴 쿠바의 정취

오늘날 쿠바를 상징하는 상품인 시가cigar는 총 세 종류의 잎으로 이루어져 있는데, 시가의 속을 채우는 전충엽filler, 전충엽을 감싸 시가의 모양을 유지해 주는 중권엽binder, 시가의 가장 바깥을 감싸는 상권엽wrapper이다. 특히 상권엽은 시가의 향과 품질에 결정적인 역할을 하며, 신축성이 뛰어나고 표면이 매끄러우며 향과 색이 좋은 잎을 고급으로 친다.

시가에 쓰이는 담뱃잎은 상당 기간 숙성을 통해 니코틴 등 독성 물질을 최소화하는 과정을 거친다. 이를 위해 시가는 적절한 설비와 환경을 갖춘 곳에서, 숙련된 장인의 손에서 만들어진다. 고급 제품일수록 당연히 생산 조건이 까다롭다. 가격대는 한 개비당 1만~2만 원 정도인 입문용 시가부터 수백만 원에 이르는 최고급 시가까지 다양하지만, 생산과 유통 과정이 꽤 까다로운 만큼 아무리 저렴한 시가라도 일반적인 종이 궐련보다는 훨씬 비싸다.

잘 알려진 대로 미국은 1962년부터 지금까지 반세기 이상 쿠바산 제품에 금수조치를 걸어 두고 있다. 이 때문에 쿠바산 시가는 정식 수출입 절차를 거쳐 미국에서 판매되는 일이 없다. 2014년 오바마 정부 때 개인 단위의 관광객에 한해 쿠바산 시가를 미국으로 들여올 수 있도록 제한적으로 허용했지만, 여전히 수출입 거래를 통한 대규모 유통은 금지되어 있다. 그런 이유로 많은 쿠바의 시가 장인들이 쿠바가 아닌 이웃 나라에서 시가를 생산해 미국 시장에 판매한다. 미국의 시가 전문점에서 도미니카, 니카라과, 과테말라, 온두라스, 파나마 등지에서 생산된 제품들이 주로 판매되는 이유가 바로 이 때문이다.

나는 1998년, 운영 중이던 기업의 대표 자격으로 쿠바 아바나Habana에서 열린 박람회에 참가한 적이 있다. 코트라KOTRA가 주선하여 '쿠바 엑스포'라는 이름으로 개최된 박람회였다. 한국 기업 수십 곳이 초청되었지만, 당시 한국은 쿠바와 수교를 맺지 않은 상태였기에 비자 업무를 담당할 부서조차 없었다. 게다가 미국에서 쿠바로 가는 항공편도 없어 쿠바까지 가는 길은 무척이나 험난했다. 캐나다 토론토에서 출발해 멕시코시티를 거쳐 가는 경로를 통해 겨우 쿠바에 도착할 수 있었다.

쿠바에 머물던 중, 식재 공급 사업을 하는 '리코'라는 이름의 한 캐나다인을 알게 되었다. 미국과 쿠바는 그 어떤 비즈니스도 불가능했기에, 북아메리카에서는 캐나다인들이 주로 쿠바에 투자하거나 무역 사업에 참여하고 있었고 리코도 그중 하나였다. 리코는 이목구비가 뚜렷한 이탈리아계 젊은 사업가로, 외향적이고 붙임성이 좋은 전형적인 '세일즈맨'이었다. 척 봐도 이탈리아 출신임을 알 수 있을 정도로 언제나 깔끔한 정장 차림이었던 기억이 난다. 마치 마피아 역할을 맡은 영화배우 같은 인상이었다(실제로 마피아 조직원일지도 모른다는 생각을 하기도 했다).

어느 날, 리코가 선뜻 저녁 식사에 초대했다. 아내와 함께 약속 장소에 가 보니 무대가 설치된 야외 식당이었다. 아바나의 선선하고 쾌적한 날씨, 잘 차려입은 손님들, 밝은 조명이 비추는 무대가 어수선할 법도 했지만, 왠지 모르게 편안한 분위기를 만들어 주었다. 이윽고 무대에서 악단과 가수들의 화려한 공연이 펼쳐졌다. 리코는 이들이 쿠바에서 꽤 유명한 가수들이라고 소개했다. 훌륭한 무대였지만, 스페인어를 전혀 알아듣지 못해 아쉬울 따름이었다.

그렇게 낭만적인 저녁 식사를 즐기던 중, 리코가 가방에서 시가 한 상자를 꺼내 내게 펼쳐 보이며 한 개비를 권했다. 나는 가지런히 누워 있는 시가 하나를 꺼내 입에 물었다. 그러자 리코가 라이터로 불을 붙여 주었다.

"이 담배, 어떤 브랜드인지 아는가?" 그가 물었다. 아마도 내가 브랜드도 확인하지 않고 바로 시가를 입에 무는 것을 보고, 시가에 대해 잘 모른다는 걸 눈치챈 모양이었다.

"잘 모르겠는데. 무슨 브랜드야?"

"쿠바에만 수십 개의 시가 브랜드가 있지. 이웃 나라 브랜드까지 포함하면 백 개도 넘을 거야. 고급 브랜드도 있고, 싸구려도 있고."

"그럼 이건 비싼 거야?"

그러자 리코가 빙그레 웃으며 말했다.

"미국에서 이걸 사려면 200달러는 줘야 할 걸?"

"뭐라고? 한 개비에? 아니면 한 상자에?"

"물론 한 개비지!(이 말을 듣고 물고 있던 시가의 불을 꺼버릴 뻔했다.) 하지만 걱정 마. 여기서는 그렇게 비싸지 않아. 비싼 건 미국 얘기지. 어떤 때는 한 개비에 2000달러까지 치솟아. 그놈의 금수조치 때문에."

그날 내가 리코에게 선뜻 받아 피운 시가는 쿠바의 대표적인 고급 시가 브랜드인 코히바Cohiba에서 만든 것이었다. 물론 코히바가 무척 유명한 시가 브랜드라는 사실을 그날 처음 알게 되었지만 말이다.

나는 주로 종이 궐련을 피워 오긴 했지만, 한때는 파이프 담배에 심취해 파이프를 수집하기도 했고 정향이 혼합된 인도네시아 담배 크레텍kretek에 빠졌던 적도 있으며, 사람 손으로 직접 말아 생산하는 인도의 토산 담배인 비디bidi도 즐겨 피웠던 적이 있을 정도로 담배를 좋아했다. 그런데도 시가는 가끔 남이 준 것을 얻어 피워 본 게 전부였다. 그런 내게, 쿠바의 낭만적인 정취 속에서 피웠던 시가는 지금도 여전히 멋진 추억으로 남아 있다.

시가는 반드시 여유를 두고 피워야 한다. 한 개비를 온전히 즐기려면 보통 1~2시간이 걸리기 때문이다. 종이 궐련처럼 빠르게 피우면 아무리 고급 시가라도 쓴맛만 강하게 느껴질 뿐, 특유의 향과 깊은 맛을 제대로 느낄 수 없다. 천천히 음미하며 여유를 가지고 즐겨야 한다는 점, 이것이야말로 시가를 멋지게 만드는 본질인지도 모른다.

참고로, 시가에 곁들일 만한 술은 와인보다는 브랜디나 코냑을 권한다. 브랜디나 코냑을 마시기 어렵다면 차라리 럼주가 낫다. 아니, 어쩌면 시가와 가장 잘 어울리는 술이 바로 럼주일지도 모른다. 럼 역시 설탕, 담배(시가)와 함께 오늘날 쿠바를 대표하는 주요 수출품이자 쿠바를 상징하는 아이콘이기 때문이다.

럼은 사탕수수즙이 원료인 술로, 카리브해의 대규모 사탕수수 플랜테이션 속에서 자연스럽게 만들어지기 시작했다. 농장에서 일하던 아프리카 노예들이 현실의 고통을 잊기 위해 사탕수수즙으로 몰래 술을 만들어 마셨던 것이다. 곡물이나 과일을 이용해 알코올을 얻을 수 있다는 사실은 인류가 오래도록 공유해 온 지식이었고,

시가를 피우는 쿠바 혁명가 체 게바라. 체는 시가를 즐겨 피웠으며, "휴식의 순간에 피우는 한 모금의 시가는 외로운 병사의 훌륭한 동반자다"라는 말을 남겼다.

흑인 노예들 역시 이를 잘 알고 있었다. 다만 백인 농장주나 관리자들은 술기운이 노예들의 분노를 부추겨 반란의 원인이 될 수도 있다는 생각에 음주를 엄격히 금지했고, 노예들이 술을 마시다 들키면 역시 잔혹하게 학대했다.

참고로 이와 비슷한 역사가 우리에게도 있는데, 1970년대 사우디아라비아 등 중동의 건설 현장에서 일하던 한국인 노동자들 또한 고단함을 잠시나마 잊기 위해 쌀밥에 누룩을 넣어 막걸리를 담갔다. 중동 국가 대부분이 이슬람 율법 때문에 음주에 무척 엄격하므로, 술을 직접 담가 마셨다는 사실이 당국에 알려지면 결코 가볍지 않은 처벌이 따랐을 것이다. 하지만 그 위험을 감수하고도 많은 한국인 노동자가 알음알음 막걸리를 만들어 마셨다.

사탕수수 농장 사람들을 중심으로 만들어 먹기 시작했던 럼은 19세기에 이르러 점차 대중화되며 하나의 상품으로 자리 잡기 시작했다. 1820년경 페르난도 데 아리톨라Fernando de Arritola라는 한 쿠바인이 자신이 직접 발명한 증류기를 통해 기존에 생산되던 거친 럼보다 맛과 품질이 뛰어난 고급 럼을 만드는 데 성공했다. 또 1862년에는 카탈루냐 출신의 파쿤도 바카르디Facundo Bacardi가 쿠바 동부의 도시 산티아고에 작은 증류 양조장을 세우고 럼주 생산과 판매를 시작했다. 바카르디 또한 고유의 증류 기술과 숙성 방식을 개발해 품질이 뛰어난 럼을 만들었고, 그의 럼은 곧 쿠바 전역은 물론 다른 카리브 국가들과 유럽, 북아메리카(미국)로까지 퍼져 나갔다. 이후 바카디의 럼주는 쿠바를 상징하는 술이 되어 쿠바 문화의 일부가 되었으며, 바카디 가문은 오늘날까지 7대에 걸쳐 세계적인 주류 명가로 그 명성을 이어 오고 있다. 다만 현재 바카디 럼주의 주요 생산지는 쿠바가 아닌 푸에르토리코인데, 이는 바카디 가문이 1960년 쿠바 혁명 이후 정부로부터 자산을 몰수당하자 미국령인 푸에르토리코로 회사를 옮겨 재창업했기 때문이다.

탁 트인 바다라면 어디든 좋다. '유럽의 발코니'라 불리는 스페인 안달루시아의 네르하 앞 지중해도, 쿠바 바라데로의 카리브해도, 우리나라라면 제주도 모슬포의 푸른 남해도 좋다. 아름다운 해변에서 한 손에는 럼주를 들고 입에는 코히바 시가를 문 채, 바닷빛을 머금은 푸른 연기를 천천히 허공에 날리며 하루 종일 늘어져 있어도 아무 문제가 없는 삶이라면, 무엇을 더 바라겠는가.

이렇게 세계 곳곳에는 그 지역의 특산 재료와 문화, 지역민의 입맛이 반영된 유명한 술이 있다. 중국은 수수 등의 잡곡을 원료로 한 백주白酒가 유명하고, 프랑스는 포도로 만드는 와인과 브랜디가 대표적이며, 역시 포도를 원료로 하는 튀르키예의 전통주 라크Laki, 용설란으로 만드는 멕시코의 데킬라, 밀이나 보리, 호밀 등을 발효시켜 증류한 러시아의 보드카 등이 있다. 물론 한국에도 소주, 청주, 막걸리가 있다. 쿠바 사탕수수 농장에서 럼이 탄생했듯, 세계 각지의 술들 또한 삶의 깊은 고단함과 눈물 속에서 빚어졌는지도 모른다.

세계인을 매료시킨 바카디 럼주의 향미

세계 최고의 럼을 생산하는 바카르디 가문과 바카디 럼주에 얽힌 이야기를 좀 더 해보려 한다.

바카디 럼주를 수식하는 대표적인 표현은 "럼주의 왕, 왕의 럼주 The King of Rum, The Rum of Kings"다. 그만큼 바카디 브랜드의 위상은 독보적이다. 1862년 창립 이래 2022년까지 세계 주요 박람회 및 주류 품평회에서 무려 1000회 이상의 수상 기록을 달성했는데, 이는 주류 역사상 최다 수상 기록이다. 또한 1876년 필라델피아 100주년 기념 박람회를 시작으로, 파리 만국 박람회 등 19세기 후반~20세기 초반 거의 모든 세계 박람회의 주류 부문에서 수상하며 전 세계에 그 이름을 널리 알렸다. 이 시기 세계 박람회에서 바카디 럼주와 함께 주목받은 발명품으로는 산업 혁명의 상징인 콜리슨 증기 기관,

레밍턴 타자기, 벨의 전화기, 에디슨의 전구 등이 있다. 1889년 파리 만국 박람회에서는 에펠탑과 자동차와 함께, 1893년 시카고 만국 박람회에서는 디젤 엔진과 어깨를 나란히 했다. 바카디 럼주는 인류 문명의 빛나는 이정표들과 어깨를 나란히 한 술인 셈이다.

19세기 후반부터 20세기 초반에 시작된 폭발적인 바카디 럼주의 인기에는 미국 시장이 가장 중요한 역할을 했다. 바카디는 미국에서 특히 절대적인 인기를 누렸는데, 당시 쿠바는 미국인들에게 사랑받는 관광지로 급부상하고 있었다. 물론 쿠바의 낭만적이고 자유로운 분위기 덕분이기도 했지만, 무엇보다 1920년부터 1933년까지 이어진 미국의 금주령Prohibition이 쿠바와 바카디 럼주의 인기에 결정적인 영향을 미쳤다.

대문호 어니스트 헤밍웨이도 쿠바의 매력에 흠뻑 빠졌던 인물이다. 그는 1928년 처음 쿠바를 방문한 뒤, 1939년부터 1960년까지 아예 쿠바에 거주했다. 그가 20년 넘는 세월을 쿠바에서 머무는 동안 즐겨 마셨던 술이 바로 럼 베이스 칵테일 다이키리Daiquiri와 모히토Mojito였다는 사실은 잘 알려져 있다. 모히토는 우리나라에서는 "모히토에 가서 몰디브나 한 잔 하자"는 영화 속 대사 덕분에 널리 알려지기도 했다. 모히토는 럼주에 라임즙 등을 섞어 만드는 쿠바 아바나의 전통 칵테일로, 전 세계적으로 가장 사랑받는 칵테일 중 하나다. 아바나의 카리브해를 마주한 고급 호텔의 보랏빛 바다와 대조를 이루는 새하얀 테라스에 앉아, 코히바 시가 한 개비와 함께 레몬 조각을 얹은 투명한 모히토 한 잔을 마시며 마음 놓고 수평선을 바라보는 모습을 잠시 상상해 본다. 새삼, 쿠바가 그리워진다.

그렇다면 바카디 럼주는 기존의 다른 럼들과는 도대체 뭐가 달랐기에 그렇게 폭발적인 인기를 끌 수 있었을까? 바카디 럼주의 증류 방식은 중앙아메리카의 다른 나라들과는 뚜렷하게 달랐다. 우선 증류기부터가 수직 형태의 '탑식 증류기 column still(연속식 증류기)'였다. 이를 통해 그전까지 럼주 생산에 주로 쓰이던 '단식 증류기 pot still'보다 더 순수하고 부드러운 술을 얻을 수 있었다. 또한 증류기의 안쪽에 얇게 동을 입히는 방식을 개발했는데, 동은 술이 생산되는 과정에서 나오는 불순물(황 화합물)을 제거해 주고 럼주와 촉매 반응을 일으켜 향미를 더욱 풍부하게 해 주었다. 생산 효율 면에서도 큰 혁신을 이루었다. 바카디 럼주는 일반적인 럼의 주재료인 사탕수수 압착즙이 아닌, 설탕 정제 과정에서 나오는 부산물인 당밀 molasses을 원료로 삼는다. 당밀을 사용하면 훈연의 풍미가 살아 있는 부드러운 맛을 낼 수 있고, 원료의 양 대비 균일한 품질의 더욱 많은 술을 만들 수 있다. 바카디는 이뿐만 아니라 당밀을 효율적으로 발효시키는 사탕수수 유래의 효모를 찾아 활용하고, 발효 과정에서 생기는 불순물은 숯으로 거르는 방법을 개발하기도 했으며 중앙아메리카산 화이트 오크로 만들어진 오크통에서 수년간 숙성하는 표준 공정을 더했다. 본래 럼주는 위스키나 브랜디 등에 비하면 '저가 술'이라는 인식이 있었지만, 바카디사社의 이러한 기술 혁신으로 바카디 럼주는 차츰 '섬세한 향과 부드러운 맛을 지닌 프리미엄 술'이라는 이미지를 구축해 나갈 수 있었다.

바카디 럼주는 오늘날에도 '쿠바를 대표하는 상품이자 문화적 아이콘'이다. 그런데 현재 바카디 가문이 운영하는 바카디사의 본사는 쿠바가 아닌 영국령 대서양의 작은 섬인 버뮤다 해밀턴에 있다. 주된 생산지도 쿠바가 아니라 미국령 푸에르토리코다. 쿠바의 상징인 바카디는 어쩌다 쿠바를 떠나게 된 걸까? 여기에는

1970년대 생산된 것으로 추정되는 바카디사의 럼주.

쿠바 격동의 역사가 얽혀 있는데, 바카르디 가문은 1960년 쿠바 혁명 이후 정부가 가문의 자산을 몰수하면서 쿠바에서의 사업을 완전히 철수했기 때문이다. 이후 바카디사는 푸에르토리코에서의 생산을 확대하며 본격적으로 재정비해 지금에 이른다.

그럼에도 불구하고 바카디는 분명 쿠바에서 태어나, 쿠바의 사탕수수로 만들어진 브랜드다. 그 뿌리는 여전히 쿠바에 있다.

차별 없는 세상을 꿈꾸며

    1850년부터 쿠바의 설탕 농장주들은 스페인 식민 정부에 통치 방식을 바꿔 달라고 탄원하기 시작했다. 주요 요구는 관세 제도 개선, 스페인 의회에 쿠바 대표 파견 허용, 그리고 노예 무역 금지였다. 이 중에서 눈에 띄는 점은 노예 무역 폐지를 농장주들이 직접 요구했다는 점이다. 사탕수수 농장의 운영 기반이 아프리카 노예였음을 고려하면 농장주들의 요구는 언뜻 모순적으로 보일 수도 있다. 그러나 그럴 만한 이유가 있었다.

    우선, 노예의 값이 너무 비싸졌다. 노예 가격이 급등하면서 수익성 확보가 어려워졌고, 실제로 다수의 농장이 파산했거나 파산 직전 상태에 몰려 있었다. 또한 사탕수수 재배 및 정제 기술이 발달하며 이전처럼 많은 노동력이 필요하지 않게 되었고, 흑인 노예보다 낮은 임금으로 고용이 가능했던 중국인 노동자들이 대안으로 떠올랐다는 점도 있었다. 실제로 1870년까지 쿠바 내 중국인 노동자 수는 약 12만 5000명에 달했다. 게다가 영국, 프랑스, 네덜란드 등 유럽의 주요 열강들이 이미 노예제를 폐지한 상황에서, 스페인만이 쿠바 내에서 노예제를 유지하고 있었기에 이에 대한 윤리적 비판을 피할 수 없었다.

그럼에도 불구하고, 노예 무역상들은 여전히 스페인 식민 당국의 묵인 아래 1856년부터 1860년 사이에만 약 9만 명의 노예를 쿠바로 들였다. 게다가 스페인 정부는 농장주들의 요구를 묵살하고 본국으로 수출하는 설탕, 담배 등의 주요 농산물에 부과하는 수출 관세를 대폭 인상하는 등 강경 노선을 취했다. 쿠바의 농장주들은 점차 분노하기 시작했다. 그러던 중, 변호사이자 사탕수수 농장주였던 카를로스 마누엘 데 세스페데스Carlos Manuel de Céspedes가 1868년 10월 10일 자신의 농장 라 데마하과La Demajagua에서 봉기하는 일이 발생한다.

그는 자신의 농장 노예들을 해방한 뒤 바야모Bayamo를 근거지로 삼아 147명의 무장 병력을 조직하고 쿠바 독립을 선언했다. 이후 정부군과 경찰을 몰아내는 데 성공한 카를로스 세력은 빠르게 확산되어 참여 인원이 단숨에 1만 2000명으로 불어났다. 분위기를 탄 세스페데스는 도미니카 공화국에서 전투 경험이 있던 막시모 고메즈Máximo Gómez 장군을 사령관으로 임명하고 농민들을 무장시켜 본격적인 전쟁에 돌입했다. 쿠바 독립 전쟁의 시작이었다.

쿠바 독립 전쟁의 주요 지도자, 카를로스 마누엘 데 세스페데스(좌)와 막시모 고메즈(우).

　쿠바의 첫 번째 독립 전쟁은 1868년부터 1878년까지 10년 동안 지속되었다. 이 사이, 봉기를 주도한 세스페데스는 1869년 공화국 헌법을 선포하고 쿠바 초대 대통령에 취임했다. 한편, 동부에서 시작된 전쟁이 점차 행정 중심부였던 서부로까지 번지자 스페인 역시 대규모 병력을 파견했다. 자금과 화력 면에서 열세일 수밖에 없었던 반군은 초반의 기세를 잃고 점차 밀리기 시작했다. 이에 더해 세스페데스가 의회와의 갈등으로 실각해 산속으로 도피하는 일까지 발생했다. 그는 결국 은신 중 스페인군에 발각되어 사살되고 말았다.

　물론 세스페데스의 죽음에도 불구하고 반군의 저항은 계속되었다. 하지만 반군은 조직이 허술한 데다 외부로부터 별다른 지원도 받지 못하는 상황이었다. 스페인 역시 힘들기는 마찬가지였는데,

무려 25만 명에 이르는 대군을 쿠바로 파병해 전세를 뒤집으려 했지만 황열병 등으로 막대한 피해를 입고 있었다. 결국 스페인이 먼저 휴전을 제안하고 반군이 이를 수용하면서, 1878년 2월 10일에 양측은 사면, 정치 개혁, 노예제 폐지 등을 조건으로 한 휴전 협정을 체결했다. 이 전쟁으로 쿠바에서는 군인과 민간인을 합쳐 30만 명이 사망했다. 스페인의 피해 규모는 정확히 알려지지 않았으나 결코 작지 않았을 것이다.

노예제도는 곧장 폐지되지는 않았고, 1886년에 이르러서야 공식적으로 폐지되었다. 그러나 노예제만 사라졌을 뿐 다른 문제들이 해결되지 않았기에 쿠바인들의 불만은 여전했으며, 곳곳에서 산발적인 저항이 이어졌다. 이후 1892년, 호세 마르티 José Martí가 도미니카에서 쿠바 혁명당을 조직해 본격적인 독립 운동에 착수했다. 그리고 1895년 2월 24일, 휴전한 지 약 17년 만에 제2차 독립 전쟁이 발발했다.

세스페데스 시절 군사령관이었던 막시모 고메즈는 호세 마르티의 재봉기에도 힘을 보탰다. 두 사람은 도미니카 공화국에서 '몬테 크리스티 선언'을 발표했는데, 이 선언문에는 쿠바의 완전한 독립, 인종과 계급 차별이 없는 자유 공화국 건설, 서구 제국주의와 스페인 식민 지배에 맞서겠다는 내용이 담겨 있다.

선언 발표 후 쿠바로 향한 두 사람은 5월 19일 동부 해안에 상륙했는데, 이들의 동선을 이미 파악하고 있던 스페인군의 매복 공격을 받아 호세 마르티가 전사하고 만다. 이후 고메즈는 또 다른 게릴라 지도자 안토니오 마세오와 합세해 각각 병력을 이끌고 서부로 진격했으나, 마세오 역시 전사하고 말았다. 고메즈의 부대는 이런 어려운 상황에서도 끝까지 스페인군을 압박했지만 반군과 스페인군 양측 모두 자금 부족으로 인해 전투는 장기적인 교착 상태에 빠져들었다.

그런 가운데, 1898년 2월 15일 아바나항에 정박 중이던 미국 군함 '메인호'가 폭발하면서 미군 266명이 사망하는 사건이 벌어졌다. 이 사건은 쿠바 독립 전쟁의 국면을 전혀 예상치 못한 방향으로 이끌었다.

쿠바 독립과 스페인의 몰락, 그리고 미국의 부상

미국 선박 메인호가 아바나항에서 폭발해 승선 중이던 미군 266명이 사망한 사건은 미국과 스페인 양측 모두 전혀 예상하지 못한 충격적인 일이었다. 미국은 즉시 진상 규명을 위해 쿠바에 조사단을 파견했다. 또한 미국 언론은 이 사건을 연일 대대적으로 보도하며, 스페인의 반미주의자들이 벌인 소행이라며 스페인을 맹렬히 비난했다.

애초에 미국의 메인호는 왜 아바나항에 정박했던 걸까? 스페인과 쿠바 반란군 간의 2차 독립 전쟁이 지루한 교착 상태에 빠져 있던 시기, 친親스페인 성향의 쿠바인들이 스페인의 장군이자 쿠바 총독이었던 발레리아노 웨일러 Valeriano Weyler를 '도살자'라 비난한 지역 신문사에 침입해 윤전기 3대를 파괴한 일이 있었다. 이 일을 계기로 쿠바에 체류 중인 미국인의 안전이 위협받을 수 있다고 판단한 미국은 자국민 보호를 명분으로 해군 군함 메인호를 보냈고, 그것이 임시로 아바나항에 머물고 있던 상황이었다.

그렇다면 친스페인 성향 쿠바인의 반발이 왜 미국에 '위협'으로 다가왔던 걸까? 당시 쿠바에는 많은 미국인이 진출해 사업을 하고 있었다. 그런데 사탕수수 농장을 운영하던 쿠바인과 스페인계 지주들이 식민 당국에 봉기하며 설탕 사업이 어려워지자, 다른 지주들은 농장을 미국인에게 매각했다. 설탕의 주요 거래처 또한 대부분 미국 상인이었다. 미국의 대쿠바 투자 총액은 5000만 달러를 넘고 있었고, 무역 규모는 1억 달러를 상회할 정도였다. 당시 쿠바 경제 전반이 사실상 미국 투자자들의 손에 있었다고 해도 과언이 아니었다. 언제나 자금난에 시달리던 쿠바 독립군 또한 미국의 지원을 일부 받고 있었으며, 무엇보다 미국 여론 자체가 쿠바 독립을 지지하고 있었다. 이는 총독 웨일러의 폭정 때문이기도 한데, 웨일러는 쿠바의 2차 독립 전쟁이 본격화하자 반란군의 보급로를 차단한다는 명분으로 쿠바 민중을 반군과 격리시키는 정책을 시행했다. 이로 인해 30만 명 이상이 강제로 이주당했고, 이들 중 10만 명이 굶주림과 질병으로 목숨을 잃었다. 미국 언론은 연일 웨일러의 비인도적인 행태를 비판했고, 미국 내 반反스페인 감정도 날로 고조되었다. 무엇보다, 미국인들은 스페인 식민 당국과 친스페인 성향의 쿠바인들이 미국에 큰 적대감을 가지고 있다는 사실 또한 잘 알고 있었다.

이러한 상황적 배경 속에서, 미국인 보호를 위해 파견된 메인호가 아바나항에서 폭파된 것이다. 당연히 미국 여론은 걷잡을 수 없이 들끓었다. 결정적으로 진상 조사단은 메인호가 스페인의 어뢰 공격에 의해 침몰한 것이라고 결론지었다. 미국 여론을 등에 업은 매킨리 대통령은 의회에 사건 보고를 한 뒤, 국가 비상 권한을 부여받아 4월 25일 스페인에 공식 선전 포고를 했다. 이로써 미국과 스페인 사이 전쟁(미서전쟁)이 발발했다.

뜻밖의 사태에 크게 당황한 스페인 식민 당국은 반군 사령관 고메즈에게 '자치권을 줄 테니 외세인 미국에 공동 대응하자'고 제안했다. 하지만 고메즈는 이를 수용하지 않았다.

한편, 미국은 쿠바뿐만 아니라 필리핀, 푸에르토리코, 괌 등 스페인의 다른 식민지에도 동시다발적으로 군사 작전을 개시했다. 그동안 식민지 경영에 큰 관심이 없던 미국의 이러한 움직임은 상당히 이례적인 결정이었다. 필리핀의 마닐라만에서는 미국 측 사령관 존 듀이 제독이 현지 독립군과 함께 공격을 개시해 단시간 내 스페인 함대를 격파했다. 스페인은 381명의 사망자를 냈지만, 미군 사상자는 단 10명뿐이었다. 괌에서는 미군 순양함 찰스턴호가 공격을 준비 중이었는데, 어이없게도 괌의 스페인군은 전쟁이 발발한 사실조차 모르고 있었다. 그들은 오히려 괌에 도착한 미군 함정에 접근해 물자 지원을 요청하며 함박웃음을 지었고, 즉시 미군의 포로가 되어 버린 웃지 못할 상황이 벌어졌다. 미서전쟁은 그렇게 간단히 미국의 승리로 끝났고, 스페인은 모든 전선에서 전투 한 번 제대로 치르지도 못하고 항복했다.

미서전쟁으로 스페인은 '스페인 제국'으로서 거느린 식민지를 모두 잃게 되었다. 1492년 콜럼버스의 항해 이후 400년 넘게 스페인이 자국 영토라 주장해 온 쿠바, 1521년 마젤란 도착 이후 333년 동안 지배했던 필리핀, 1565년부터 식민지로 삼았던 괌, 그리고 세계에서 가장 오랜 식민지였던 푸에르토리코까지 이 모든 곳들이 순식간에 미국 손에 넘어가 버렸고, 포르투갈과 함께 대항해시대의 포

1898년 미서전쟁 종식 후 파리 조약에서 미국 국무장관 존 헤이가 미국을 대표해 비준 각서에 서명하고 있다.

문을 활짝 열며 오래도록 강대국 지위를 유지했던 스페인 제국은 사실상 해체되었다. 그것도 한때 스페인의 식민지였던 미국에 의해서 말이다.

반면 미국은 고작 넉 달도 채 되지 않았던 이 전쟁을 통해 태평양까지 영향력을 넓히며, 유럽 열강과 어깨를 나란히 하는 강대국으로 부상하게 되었다. 미서전쟁은 오늘날 미국이 세계 최강국으로 발돋움하는 데 결정적인 출발점이 된 셈이다. 전쟁은 같은 해 12월 파리에서 체결된 강화 조약을 통해 종식되었고, 이 조약을 통해 쿠바의 독립도 공식적으로 인정받았다. 다만 파리 조약 이후에도 쿠바는 한동안 미군정 하에 놓이게 된다.

1902년 5월 20일 미군정이 종료되며 쿠바는 비로소 완전한 독립 국가가 되었다. 하지만 미국은 '순순히' 쿠바를 놓아주지는 않았는데, 1903년 쿠바 동남부 관타나모Guantanamo 지역을 미국이 영구 임대하는 조건을 걸고 쿠바에서 손을 뗀 것이다. 그 조약은 지금도 유효하며, 관타나모는 여전히 미국의 군사 기지로 사용되고 있다. 임대료는 오늘날 기준으로 연간 약 4000달러 수준이다. 약 120제곱킬로미터의 전략적 요충지를 이 헐값에 장기 임차할 수 있게 된 것은 군사적으로도 경제적으로도 미국에 엄청난 이득이었다. 쿠바 정부는 이 조약을 인정하지 않고 있으며, 임대료 수령 또한 지속적으로 거부해 오고 있는 상태다. 그러나 조약에는 미국과 스페인의 상호 동의 없이 조약을 해지할 수 없다는 조항이 있고, 미국이 조약 해지에 동의할 가능성은 극히 낮다.

관타나모 기지는 테러 용의자, 특히 탈레반 및 알카에다 관련 인물들을 수감하고 고문을 통해 정보를 빼내는 장소로 사용되며 국제적 비판을 받고 있다. 이와 관련해 톰 크루즈 주연의 영화 〈어 퓨 굿 맨A Few Good Men〉이나, 2021년 개봉한 〈모리타니안The Mauritanian〉 등의 영화에서 그 실상을 다루었으니, 궁금한 독자가 있다면 찾아보기 바란다.

8장

사탕수수밭이 키운
미국의 야망

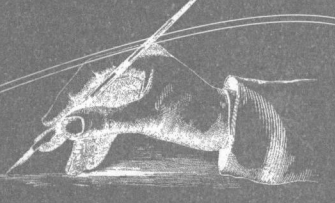

성조기 이전에 설탕이 있었다

'미국United States of America'이라는 국명은 1783년 파리 조약 이전까지는 공식적으로 존재하지 않았다(여기서 말하는 파리 조약은 영국이 미국의 독립을 인정한 1783년의 협정을 뜻한다). 미국은 1776년 7월 4일 제2차 대륙 회의에서 토머스 제퍼슨이 초안한 독립 선언서를 채택한 이후 국제 사회에서 어엿한 독립국으로 인정받았지만, 그때 미국의 이름은 'America'가 붙지 않은 'United States'였다. 'United States'라는 명칭은 북아메리카 동부에 위치한 영국의 초기 식민지 13개 주States가 연합united하여 독립을 이루어 낸 데서 비롯되었고, 여기에 아메리카 대륙이 아시아(인도)의 일부가 아니라 새로운 대륙임을 유럽에서 처음으로 인식한 이탈리아 탐험가인 아메리고 베스푸치Amerigo Vespucci의 이름을 따 '아메리카America'가 더해져 'United States of America'

라는 정식 국명이 완성되었다.

　1606년, 영국에서는 아메리카 대륙 식민지 개척을 위해 버지니아 주식회사를 설립했다. 제임스 1세로부터 신대륙 항해 특허장을 받아 이주자를 모집해, 총 144명이 영국을 떠나 북아메리카 동부에 도착했다. 이들은 현재의 버지니아 지역에 정착해 그곳을 제임스타운Jamestown이라 명명했다. 제임스 1세의 이름을 따서 지은 것이다. 이후 1620년에는 영국 청교도들이 메이플라워호를 타고 건너와 현 매사추세츠주의 플리머스라는 지역에 정착했고, 1630년에는 존 윈스럽이 청교도 900명을 이끌고 매사추세츠 베이 콜로니Massachusetts Bay Colony(현재의 세일럼, 보스턴 일대)로 이주했다.

　신대륙으로 건너온 이주민 중 많은 수가 목숨까지 잃으며 극심한 고초를 겪기도 했지만, 지속적으로 인구가 유입되면서 초기 이주 이후 100여 년 후에는 동북부 연안에 상당한 규모의 영국 출신 이주민 사회가 형성되었다. 이후 13개의 자치 공동체가 세워졌으며, 영국은 이주민들이 모여 살던 지역을 식민지로 편입했다. 당시 유럽인들은 식민지를 통치하는 일을 자연스럽고 당연하게 여겼고, 정착민들 또한 자신을 영국 국민으로 인식하고 있었기에, 자치 구역에 영국 총독이나 군대, 파견된 관료가 들어오는 일에도 별다른 의문을 품지 않았다. 이렇게 세워진 북아메리카 최초의 13개 주 식민지Thirteen Colonies가 뉴햄프셔, 매사추세츠, 로드아일랜드, 코네티컷, 뉴욕, 뉴저지, 펜실베이니아, 델라웨어, 메릴랜드, 버지니아, 노스캐롤라이나, 사우스캐롤라이나, 조지아이며, 미국 성조기의 붉은 줄

미국 최초 13개 주 식민지의 위치를 나타낸 지도.

13개가 바로 이 주들을 상징한다.

한편, 북아메리카 동부 연안 항구에는 미국이 독립하기 이전인 1720년대부터 이미 무역선들이 줄지어 드나들었다. 당시 카리브해의 영국, 프랑스, 스페인 식민지에서는 사탕수수를 재배해 당밀과 설탕을 생산하고 이를 유럽에 판매하며 막대한 부를 누리고 있었다. 특히 본국의 최대 수입원이었던 바베이도스와 자메이카(영국령), 생도맹그(프랑스령)는 거리상 가까운 북아메리카 동부 연안에도 설탕을 판매했고 북아메리카로부터 필요한 물품을 공급받기도 했는데, 뉴욕항에 드나드는 선박 중 절반이 카리브해에서 온 무역선이었다. 이 무렵 뉴욕에 세워진 가장 큰 건물이 지금도 관광 명소로 유명한 트리니티 교회와 이에 버금가는 규모를 자랑했던 허드슨강 코너에 세워진 설탕 창고였다. 창고 바로 옆에는 노예 시장도 들어섰다. 이는 당시 식민지 미국의 주요 수입품이 카리브해에서 들여온 설탕과 아프리카에서 온 흑인 노예였으며, 카리브해-미국-아프리카 간 무역이 활발히 이루어졌음을 잘 보여 준다.

북아메리카 북부는 유럽과 마찬가지로 기후상 사탕수수 재배가 어려웠으나, 남부는 기후 조건이 맞아 설탕 산업이 뿌리내려 번성했다. 초기에는 프랑스령이었던 루이지애나 남부의 비옥한 미시시피강 유역과 스페인령이었던 플로리다, 멕시코령이었던 텍사스 지역에서 주로 플랜테이션이 이루어졌다.

오늘날의 미국 루이지애나주는 당시 프랑스령 루이지애나의 남쪽 일부에만 해당하며, 당시 루이지애나라고 불렸던 지역_{Louisiana Territory}은 지금의 루이지애나주뿐 아니라 미시시피강 서쪽의 광대한 지역을 일컬었다. 이후 미국은 이 일대 전역을 프랑스로부터 매입하여 국토를 두 배로 확장했다. 플로리다 역시 스페인으로부터 사들였고, 텍사스는 멕시코로부터 독립을 선언한 뒤 스스로 미국에 편입되었으며 캘리포니아 지역은 멕시코와의 전쟁 끝에 1850년 이후 미국 땅이 되었다.

이렇게, 처음에는 미국 땅이 아니었던 북아메리카 남부 일대가 하나둘씩 미국령으로 편입되면서 미국 역시 주요 설탕 생산국으로 성장할 수 있었다. 미국은 지금도 세계 6위 규모의 설탕 생산국이다. 미국의 역사 또한 설탕과 함께했고, 설탕으로 인해 큰 변화를 겪게 되었다.

파리 조약과 미합중국의 탄생

미국의 독립 전쟁은 1783년 9월 3일, 영국 국왕 조지 3세의 대리인과 미국 대표들이 파리에 모여 체결한 파리 조약에 따라 공식적으로 종결되었다. 파리 조약의 가장 중요한 내용은 물론 영국이 13개 주의 자유와 독립을 인정하는 것이었다. 이로써 뉴햄프셔, 매사추세츠, 로드아일랜드, 코네티컷, 뉴욕, 뉴저지, 펜실베이니아, 델라웨어, 메릴랜드, 버지니아, 노스캐롤라이나, 사우스캐롤라이나, 조지아 13개 주는 자유 to be free 와 주권 be sovereign 을 가진 독립 국가 be independent states 임이 선포되었다. 조약에는 이 밖에도 미합중국의 영토 경계 확립, 13개 주 서쪽으로의 영토 확장 허용, 어업권 보장, 영국과 함께 싸웠던 왕당파의 재산권 회복, 전쟁 포로 처리 등에 관한 내용이 포함되어 있다.

조약 체결을 위해 미국에서는 벤저민 프랭클린, 존 제이, 헨리 로렌스, 존 애덤스 등이 참석했으며, 영국에서는 데이비드 하틀리와 리처드 오스왈드가 참여했다. 처음에 미국 측 대표들은 자신들의 독립 전쟁을 도왔던 프랑스와 공동으로 협상하길 원했지만, 곧 프랑스가 미국의 영토 확장을 그리 반기지 않는다는 걸 깨달았다. 프랑스는 미국의 독립 자체는 지지했지만, 아메리카 대륙에서 미국의 영향력이 지나치게 확대되는 것은 경계했기 때문이다. 이후 미국은 프랑스와의 공동 협상안을 폐기하고 영국과의 단독 협상으로 방향을 수정했다. 당시 영국 총리였던 셸번 역시, 신생 미국과의 원활한 관계 설정이 향후 정치, 경제적으로 이익이 클 것으로 판단해 단독 협상을 지지했다. 또한 미국과의 긴밀한 관계를 통해, 독립 전쟁 당시 견고했던 미국과 프랑스의 동맹을 이완시키려는 의도도 있었다.

이러한 배경 속에서, 영국은 협상에서 비교적 관용적인 태도를 보였다. 영국은 스페인이 점유 중이었던 플로리다와 프랑스 땅인 캐나다 북부 퀘벡 지역을 제외한 미시시피강 동쪽의 모든 땅을 미국의 영토로 인정했다. 또한 미국의 노바스코샤 해안 어업권도 인정되었다.

이어 영국은 프랑스, 스페인, 네덜란드와도 각각 별도로 협상하며 조약을 체결했다. 스페인에 플로리다 동서 지역과 지중해의 메노르카섬Menorca을 반환했으며, 바하마 군도와 그레나다Grenada 및 몬세라트Montserrat는 스페인이 영국에 반환하는 것으로 합의했다. 프랑스와는 대부분의 점령지를 상호 교환하는 방식으로 정리되었으며, 프랑스가 뉴펀들랜드Newfoundland 동쪽 해안 일부 어업권을 영국에 양도하고 서쪽 해안 어업권은 프랑스가 유지하는 것으로 마무리되었다. 네덜란드와는, 영국이 점령 중이던 동인도제도 대부분의 섬을 다시 네덜란드에 반환하기로 합의했다.

신생 독립국의
젖줄이 된 미시시피강

파리 조약에는 미시시피강이 주요하게 언급된다. 미시시피강의 동쪽을 미국의 땅으로 규정하고 있으며, "미시시피강에서의 운항은 영국 주민들과 미국 주민들이 영원히 자유롭게 할 수 있다"라는 조항을 두어 미국의 미시시피강 항행권을 명시했다.

원래 미시시피강 유역은 프랑스가 16~18세기 동안 북아메리카에서 식민지로 거느렸던 지역을 뜻하는 '누벨프랑스Nouvelle-France(뉴프랑스)'의 일부였다. 누벨프랑스는 북쪽의 오대호에서부터 남쪽 멕시코만에 이르기까지, 동서로는 애팔래치아산맥에서 로키산맥까지 펼쳐지는 광대한 지역으로, 당시 영국 식민지였던 동부 13개 주보다도 훨씬 넓은 땅이었다. 그러나 북아메리카 내 패권 장악을 둘러싸고 영국과 프랑스-북아메리카 원주민 연합 사이에 벌어진 전쟁인

프렌치-인디언 전쟁French and Indian War에서 프랑스가 패하면서, 프랑스는 퀘백 등 캐나다와 미시시피강 동쪽의 영토를 영국에 할양하고 미시시피강 서쪽은 스페인에 넘기게 된다. 이로써 미시시피강 동쪽은 영국 땅이 되었다. 또한 위에서 언급한 대로 영국과 미국 간 체결한 파리 조약에 미시시피강 항행권 대한 조항이 포함되어 있었기 때문에, 미국인들은 남북으로 뻗어 있는 미시시피강을 따라 물자

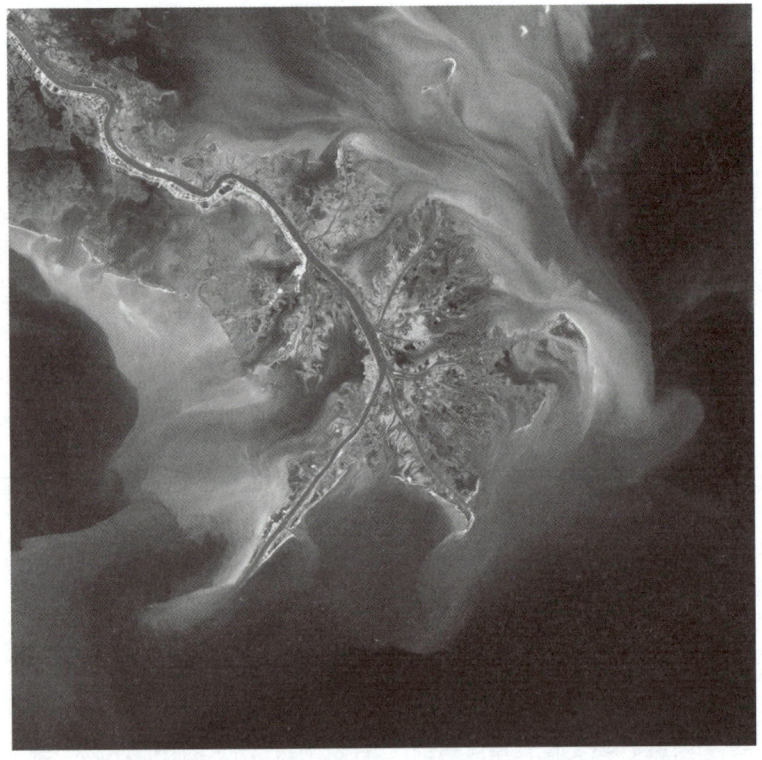

미 항공 우주국(NASA)의 인공위성이 촬영한 미시시피강 하구 위성 사진. 미시시피강은 북아메리카 대륙의 중심부를 따라 흐르는 미국의 '젖줄'과도 같은 강이다.

를 운송하고 무역을 할 수 있게 되었다. 다만 스페인은 조약의 당사자가 아니었기에 이 조항을 인정하지 않았고, 프랑스로부터 넘겨받은 미시시피강 서쪽과 강 하류에 대한 영향력을 지속해서 행사하려 했다.

사실, 갓 독립한 미국은 처음엔 미시시피강 서쪽 지역에 큰 관심이 없었다. 미시시피강 서쪽, 즉 오늘날의 루이지애나주 지역을 비롯한 텍사스, 캘리포니아, 애리조나 등은 당시 모두 스페인 또는 이후 멕시코의 영토였기 때문에 미국이 당장 관심을 가질 이유가 없었기 때문이다. 이미 독립을 이룬 동부 13개 주 지역만 해도 인구에 비해 지나치게 넓어, 대부분은 여전히 미지의 땅으로 남아 있던 상태였다. 즉 당시 미국의 독립은 어디까지나 동부 13개 주 식민지의 독립만을 의미했다. 독립 직후의 미국은 유럽의 가난한 이민자들로 이루어진, 별 볼 일 없는 신생 국가에 불과했다.

그러나 분명 미시시피강 전역은 비옥한 토지와 온화한 기후 덕분에 농사에 최적의 조건을 갖춘 가능성 있는 땅이었다. 이미 강 유역에는 프랑스계 정착민들에 의해 인디고, 담배, 쌀 등을 재배하는 플랜테이션이 형성되어 있었다. 하지만 그 정도 규모로는 신생 독립국 미국을 부강하게 해 줄 만한 농업 기반을 형성하기에는 역부족이었다. 또한 농업 생산물로 큰돈을 벌기 위해서는 상품성 있는 작물을 대량으로 생산해 유럽에 원활히 판매할 수 있어야 했고, 유럽에 판매하려면 무역선이 드나들 만한 큰 항구가 필요했다. 바로 그때 미국의 눈에 띈 곳이 바로 멕시코만의 뉴올리언스다. 그리고 뉴올리언스로 가는 길은 곧 미시시피강과 통했다.

이처럼 미시시피강은 매우 중요한 경제적 가치를 지니고 있었고, 시간이 지날수록 그 가치는 더욱 커져 갔다. 처음엔 관심을 두지 않았던 미국도 훗날 영토를 확장하며 미시시피강 전역을 확보했고, 미시시피강 일대에서 미국의 미래를 결정지은 농산업이 크게 발전했으니 말이다.

그는 바로 사탕수수를 플랜테이션 농업과 설탕 산업이었다.

루이지애나는 어떻게
미국 설탕 산업의 핵심이 되었나

1795년 에티엔 드 보레Étienne de Boré라는 인물이 루이지애나 뉴올리언스에 있는 자신의 농장에 사탕수수를 심었다. 북아메리카 지역에 사탕수수를 심은 게 그가 처음은 아니지만, 설탕을 만들어 판매하고 이윤을 남기겠다는 본격적인 사업 의지를 가지고 재배에 나선 것은 그가 최초였다.

이름에서도 어느 정도 추측할 수 있지만, 그는 크레올Créole계 프랑스인이었다. 크레올이란 아메리카 현지에서 태어난 유럽계 후손 또는 유럽-원주민 혼혈을 뜻한다. 에티엔 드 보레는 프랑스령 루이지애나의 일리노이컨트리(현재의 일리노이주 카스카스키아 일대)에서 태어났는데, 그가 사탕수수를 처음 심은 1795년은 파리 조약에 의해 루이지애나가 스페인령이 된 후였다. 여기서 말하는 루이지애나는 앞서 언급했던 것처럼 지금의 루이지애나주와는 다른, 북부 오대호에서부터 미시시피강을 따라 중부와 남부에 이르는 지역과 애팔래치아 고원 서쪽을 아우르는 광활한 땅이었다. 이 프랑스령 루이지애나가 스페인령으로 바뀌었다 다시 프랑스령이 되고, 최종적으로 미국의 영토가 되기까지의 이야기는 잠시 뒤로 미룬다.

보레는 어린 나이에 프랑스로 건너가 학업을 마친 뒤 프랑스군에 입대해 기병대 장교가 되었으며, 이후 루이지애나로 근무지를 발령받아 고향으로 돌아와 뉴올리언스에 상당한 규모의 토지를 상속받은 유력 가문 출신 여성과 결혼했다. 이들 부부는 결혼 후 뉴올리언스로 이주해, 상속받은 땅에서 인디고 재배를 시작했다.

인디고는 푸른색 염료를 얻을 수 있는 식물로, 오래전부터 브라질과 카리브해 일대에서 널리 재배되며 막대한 수익을 올리는 주요 작물이었다. 합성 화학 염료가 개발되기 전까지 인디고는 유럽에서 가장 인기 있고 귀한 천연염료 중 하나였는데, 그전까지는 천을 염색하는 기술 자체가 고급 기술이었고 염색된 직물은 주로 신분이 높거나 부유한 계층만이 누릴 수 있는 사치품이었기 때문이다. 특히 푸른색 염료인 인디고와, 남벌로 인해 현재는 보호수로 지정된 브라질나무에서 얻은 붉은 염료는 생산이 까다로워 매우 비싼 값에 거래되었다. 게다가 인디고 75킬로그램을 얻기 위해서는 무려 30톤의 잎이 필요할 정도로 생산 효율도 낮았다. 이후 독일의 화학자 아돌프 폰 바이어 Adolf von Baeyer가 인디고 합성에 성공한 공로로 노벨 화학상을 수상할 정도였는데, 화학 염료를 개발했다는 이유로 노벨상을 받았다는 사실은 그 이전까지 인류가 염료를 얼마나 귀하게 여겨 왔는지를 단적으로 보여 준다.

하지만 당시 인디고 재배는 이미 '레드오션'이 된 데다 병충해 문제까지 겹쳐 수익성이 크게 떨어졌다. 보레는 곧 인디고가 아닌 다른 작물 재배를 고민했고, 쿠바에서 온 두 명의 설탕 기술자에게 자문을 구해 사탕수수 재배를 결심하게 된다. 조건은 어느 정도 갖추어져 있었다. 이미 인디고를 재배하며 보유하고 있던 80명의 아프리카계 노예를 사탕수수 농장에 곧바로 투입할 수 있었고, 미시시피강 유역은 예나 지금이나 무척 비옥한 땅인데다 기후 조건도 알맞아 사탕수수를 재배하기 안성맞춤이었다.

보레는 처음부터 대규모 재배와 설탕 사업을 염두에 두고 있었기 때문에, 사탕수수 플랜테이션 농장을 조성하는 동시에 설탕 정제 공장도 함께 지었다. 이를 통해 그는 당대 최고 인기 품목이었던 입자가 고운 백설탕 granulated sugar을 생산해 막대한 부를 얻었다. 그의 설탕 사업은 북아메리카에서 사탕수수와 백설탕을 상업적으로 생산한 첫 사례로 기록된다.

1783년 독립 이후, 미국에서는 설탕 수요가 폭증해 카리브해와 쿠바에서 수입되는 설탕만으로는 수요를 감당할 수 없었다. 게다가 미국이 설탕을 주로 수입해 오던 카리브해의 생도맹그가 흑인 노예 혁명으로 독립국이 되어 설탕 공급이 크게 부족해진 상황이었다. 보레는 바로 그 시점에 루이지애나에서 설탕 사업을 시작한 것이다. 기가 막히게 절묘한 타이밍이었다.

한편, 보레가 설탕 사업에 성공할 수 있었던 데에는 앞서 설명한 대로 쿠바 기술자들의 도움과 절묘한 사업 시기가 결정적인 역할을 했지만, 생도맹그 출신의 자유 흑인 앙투안 모랭Antoine Morin이라는 인물 또한 보레에게 무척 큰 도움을 주었다고 전해진다. 그가 노예 출신인지 태어날 때부터 자유인이었는지는 확실치 않지만, 파리의 유명 대학을 졸업한 뒤 뉴올리언스에서 명성을 얻은 화학자이자 식물학자였다. 모랭은 보레가 인디고 농장에서 사탕수수 농장으로

루이지애나 하이웨이 308번 도로 인근, '로럴 밸리' 사탕수수 농장 부지에 자리한 벽돌 제당소의 모습. 1976년경 촬영되었다. 19세기~20세기 초 번영했던 흔적을 더는 찾아볼 수 없을 만큼 폐허가 되었다.

전환할 당시 설탕 결정화 기술 개발에 결정적 도움을 주었고, 이 기술 혁신 덕분에 보레는 고운 흰 설탕을 성공적으로 생산할 수 있었다. 그러나 보레의 손자이자 루이지애나의 역사학자인 샤를 가에르Charles Gayarré는 보레 가문의 설탕 산업 연혁을 다룬 책을 쓰며 모랭의 업적을 일부러 기록하지 않았다.

보레는 설탕을 생산한 첫해에 1만 2000달러의 수익을 올렸다. 오늘날 가치로 환산하면 약 300만 달러에 달한다. 게다가 이 시기 설탕은 '백색의 금white gold'으로 불리며 식품 보존제이자 의약품으로까지 그 쓰임이 넓어지고 있었다. 단기간에 막대한 부를 축적해 자본가의 상징이 된 보레는, 이후 정치에 입문해 뉴올리언스 시장이 되기도 했다.

보레가 처음 설탕을 심은 지 200년이 지난 지금도 뉴올리언스는 미국 설탕 산업의 심장부로 남아 있다. 현재 루이지애나주의 설탕 산업은 1만 6000여 개의 일자리를 창출하고 있으며, 연간 임금으로 4억 6300만 달러가 노동자에게 지급되고 있다. 2018년 기준 사탕수수 재배 면적은 47만 에이커에 이르며, 11개의 정제 공장이 가동 중이다.

한편 생도맹그에서 설탕 사업을 벌이던 프랑스인들은 아이티 공화국의 성립으로 생도맹그를 떠나야 했다. 이때 일부는 프랑스로, 일부는 프랑스령 루이지애나의 뉴올리언스로 이주했다. 이들 대부분은 생도맹그에서 대규모 플랜테이션을 운영하던 재력가들이었으며, 이주한 루이지애나에도 곧바로 플랜테이션을 조성하고 설탕을 생산했다. 보레의 성공과 함께 생도맹그에서 건너온 프랑스인 농장주들까지 가세하며, 루이지애나는 빠르게 생도맹그를 대신해 설탕 생산의 중심지로 부상했다.

나폴레옹의 루이지애나 매각과 '신이 주신 운명'의 시작

1789년 프랑스 대혁명 이후 떠오른 권력자 나폴레옹은 주변국까지 제압하며 전성기를 누렸다. 1800년에는 스페인을 압박해 루이지애나를 다시 프랑스로 회수하기도 했는데, 이는 '산 일데폰소 조약 Treaty of San Ildefonso'이라는 비밀 조약 체결을 통해 이루어졌다. 당시 스페인과 나폴레옹의 프랑스가 이렇게 비밀리에 조약을 체결한 데에는 북아메리카를 둘러싸고 유럽 열강들의 외교적 긴장이 극심했기 때문이다. 스페인은 루이지애나를 다시 프랑스에 넘기기는 했지만, 영국이나 미국의 반발을 신경 쓰지 않을 수 없었다. 특히 미국은 미시시피강 운항권과 뉴올리언스 항구 사용권에 변화가 생기는 일에 항상 민감했고, 영국은 프랑스가 다시 북아메리카에서의 식민지 재건을 노리는 건 아닌지 늘 경계하고 있었다. 이런 상황에서 루이지애나가 다시 프랑스령이 된다는 조약의 내용이 공개된다면 북아메리카 지역에 이해관계가 얽힌 국가 간 군사적 충돌과 갈등을 피할 수 없었기에, 비밀리에 조약을 체결한 것이다.

그러나 조약 체결 후 약 1년 뒤, 미국 대통령 토머스 제퍼슨은 외교 경로를 통해 해당 조약의 내용을 인지하게 된다. 당연히 미국은 크게 당황했다. 당시 미국은 영국과의 파리 조약으로 미시시피강 운항권을 보장받긴 했으나, 미시시피강 서쪽 유역을 점령하고 있던 스페인은 조약의 당사자가 아니라는 이유로 이를 인정하지 않고 있었다. 이에 미국은 스페인과 여러모로 협상을 벌여 왔는데, 비로소 스페인과 긍정적으로 협상이 이루어지려던 참에 스페인이 루이지애나 전체를 프랑스에 넘겼다는 소식을 듣게 된 것이다. 그야말로 닭 쫓던 개 지붕 쳐다보게 된 격이었다. 미국은 이제 루이지애나의 새 주인인 프랑스와 협상을 이어 가야 했다.

그러나 프랑스의 나폴레옹은 결코 호락호락한 상대가 아니었다. 토머스 제퍼슨은 그가 북아메리카 지역에 강한 야심을 품고 있다는 사실을 알고 있었다. 다만 한 가지 기대할 만한 점이 있었는데, 나폴레옹은 생도맹그에서의 흑인 반란으로 곤경에 처해 있었던 데다, 유럽에서의 끊임없는 전쟁으로 막대한 자금이 필요했다는 점이었다.

제퍼슨은 곧 프랑스 주재 대사 로버트 리빙스턴에게 뉴올리언스 매입 의사를 나폴레옹 측에 타진하라고 지시했다. 물론 나폴레옹은 단번에 거절했는데, 미국이 이미 예상한 반응대로였다. 여기서 제퍼슨은 한 가지 꾀를 냈다. 나폴레옹이 가장 두려워하는 존재인 영국을 지렛대 삼아 간접적으로 메시지를 전하기로 한 것이다.

"미국은 뉴올리언스가 절실하게 필요하다. 프랑스가 이런 우리의 입장을 무시해 버린다면, 우리는 영국과 동맹을 맺고 프랑스와 전쟁을 벌여야 하지 않겠는가?"

이를 전해 들은 나폴레옹은 펄쩍 뛰었다.

"영국? 또 그 악귀 같은 영국인가! 미국이 뉴올리언스를 얼마에 사겠다고?"

"9백만 달러입니다."

나폴레옹은 관계 장관을 불렀다.

"장관, 루이지애나에 뉴올리언스 외 우리가 실질적으로 쓸 수 있는 땅이 있는가?"

"없습니다. 뉴올리언스를 빼면 거의 살기 어려운 황무지입니다. 장군께서 루이지애나 일대를 개척하려는 뜻은 잘 알겠으나, 별 이익을 기대하기 어렵습니다. 미국 역시 뉴올리언스만을 원하고 있습니다."

"나도 그렇게 생각하오. 그렇다면 이 기회에 뉴올리언스뿐 아니라 루이지애나 전체를 미국에 넘기는 건 어떤가? 물론 값을 올려서 말이네. 지금 우리 프랑스는 자금 사정이 매우 어렵고, 그 넓은 루이지애나를 가지고 있어 봤자 관리조차 어려운 상태니까."

결심이 선 나폴레옹은 토머스 제퍼슨의 특별 특사로 프랑스에 파견된 제임스 먼로와 프랑스 주재 대사 리빙스턴을 불러들였다. 미국 측 두 대표가 오자, 34세의 젊은 권력자 나폴레옹은 환하게 웃으며 두 팔을 벌렸다.

"어서 오십시오!"

먼로와 리빙스턴은 경계심을 감추며 그의 표정을 살폈고, 나폴레옹은 두 특사를 번갈아 보며 말했다.

"본론으로 들어가지요. 미국은 뉴올리언스의 항구와 안정적인 미시시피강 항행권을 원하고 있다고 들었습니다. 그런데 제가 하나 제안하고 싶습니다. 제퍼슨 대통령께서 뉴올리언스를 사길 원하신다는 것도 알고 있습니다만, 그럴 바에야 차라리 루이지애나 전체를 매입하시는 건 어떻겠습니까?"

나폴레옹의 말이 끝나자, 두 미국 대표는 크게 놀라 입을 다물지 못했다.

프랑스령 루이지애나는 면적이 214만 제곱킬로미터로 한반도의 약 10배, 프랑스 본토 면적의 3배에 달했다. 당시 미국의 13개 주를 합친 것보다도 넓은 땅이었다. 이렇게 미국은 졸지에(?) 국토를 두 배 이상 넓힐 수 있게 된 것이다. 거래는 매우 평화적이며 믿을 수 없을 만큼 즉흥적으로 성사되었고, 최종 매매가는 1500만 달러로 합의되었다. 제곱킬로미터당 약 7달러꼴이었다. 그렇게 1804년 3월, 프랑스령 루이지애나의 광대한 영토가 미국 영토로 공식 편입되었다.

이를 기념하기 위해 '세 깃발의 날 Three Flag Day'이라는 기념행사가 열렸다. 행사의 이름은 루이지애나와 역사적으로 얽힌 세 나라인 스페인, 프랑스, 미국의 국기가 차례로 게양된 데서 유래했다. 북아메리카의 영토 주권이 유럽 열강에서 미국으로 넘어갔음을 보여 주는 상징적인 행사였다. 다만 세 깃발의 날에 나폴레옹은 참석하지 못했는데, 그때 그는 이미 모든 것을 잃고 영국에 의해 대서양의 외딴 섬, 세인트헬레나섬에 유폐되어 있었기 때문이다. 그리고 그로부터 2년 뒤, 나폴레옹은 섬에서 쓸쓸하게 생을 마감한다.

루이지애나 매입은 미국에 엄청난 이익을 안겨 주었다. 오늘날 미국 15개 주, 미주리, 아칸소, 아이오와, 네브래스카, 오클라호마, 사우스다코타, 몬태나, 캔자스, 와이오밍, 루이지애나, 미네소타, 콜로라도, 노스다코타, 뉴멕시코, 텍사스의 전부 또는 일부가 이 지역에 포함된다.

결과론적 이야기이기는 해도 미국은 루이지애나를 얻고 서부 개척의 길을 열었고, 서부 개척은 미국의 태평양 진출로 이어지게 되

19세기 초반의 나폴레옹(좌)과 토머스 제퍼슨(우). 1803년, 프랑스가 루이지애나를 미국에 매각하며 미국은 북아메리카 대륙의 패권을 장악하게 되었다.

었다. 이후에도 미국은 이와 같은 '영토의 횡재'를 거듭하며, 차츰 북아메리카 대륙 서쪽으로의 영토 확장이 신의 뜻이자 미국의 명백한 운명이라 여기기 시작했다. 미국인들은 이를 신이 부여한 운명, 그들의 표현대로 '명예운명 Manifest Destiny'이라 일컬었다.

토머스 제퍼슨은 루이지애나 매입을 확정하자마자 재빨리 탐사대를 조직해 미주리강 일대 탐색을 지시했다. 그렇게 구성된 탐사대가 바로 루이스-클라크 탐사대다. 제퍼슨은 특히 미주리강의 상류와 그 주변 지류들에 관심을 두었다. 미주리강을 통해 태평양으로 향할 수 있을지, 또한 미주리강과 지류들이 실용적인 수로로 활용될 수 있을지 확인할 필요가 있었기 때문이다.

미주리강을 향한 제퍼슨의 이러한 궁금증은, 근본적으로 17세기의 영국 탐험가 헨리 허드슨 Henry Hudson 이 시도했던 북서항로 Northwest Passage 탐험과 맞닿아 있다. 허드슨은 당시 널리 이용되던 대서양-희망봉-인도양을 잇는 항로를 피해, 북극을 돌아 인도와 동인도(현재의 인도네시아)로 향하는 새 항로를 개척하려 했다. 북극항로를 이용하면 항해 시간을 수개월, 어쩌면 1년까지도 단축할 수 있을 것이라 믿었기 때문이다.

그는 북쪽으로 향하는 수로를 찾아 지금의 캐나다 허드슨만과 뉴펀들랜드, 허드슨강, 뉴욕, 매사추세츠, 버지니아 일대를 탐색하다가 자신의 아들들과 함께 영원히 실종되고 만다. 후세 사람들은 그가 지났던 지역에 그의 이름을 붙여, 오늘날 허드슨만, 허드슨강, 허드슨 해협이라 부르고 있다. 뉴욕의 허드슨강이 태평양과 이어질 것이라 굳게 믿었던 그의 신념은, 지금 기준으로 보면 황당하지만 당시에는 충분히 그럴싸한 믿음이었다. 서인도제도에 도착한 크리스토퍼 콜럼버스 역시 그곳이 향신료가 나는 인도라고 굳게 믿었고, 죽을 때까지 그 생각을 고수하지 않았는가.

마찬가지로, 제퍼슨도 미주리강이 태평양과 연결된다면 멕시코만에서 미시시피강과 미주리강을 따라 배를 타고 태평양까지 항해할 수 있으리라 기대했을 것이다. 물론 그는 허드슨처럼 태평양 건너 아시아에서 정향이나 육두구를 들여올 생각을 했던 것은 아니었지만, 태평양으로 이어지는 수로의 경제적 가치를 가늠하는 일은 무척 중요한 문제였다. 철도도 트럭도 없던 그 시절, 수로는 곧 국가의 생명줄과도 같았기 때문이다.

미국 목화밭의 비극이 만든 것들

앞서 언급한 바와 같이, 에티엔 드 보레는 1795년 뉴올리언스의 미시시피강 유역에 사탕수수를 심고 미국 최초로 백설탕을 생산했다. 그는 설탕 수요가 폭발적으로 늘어난 미국 시장 덕분에 막대한 부를 얻게 되었다. 한편, 같은 시기 카리브해의 프랑스 식민지였던 생도맹그에서는 투생 루베르튀르와 장자크 데살린이 이끄는 흑인 노예들이 반란을 일으켜 프랑스를 몰아내고, 아프리카 흑인이 주권을 가진 세계 최초의 국가인 아이티 공화국을 수립했다.

생도맹그는 당시 세계 최대의 설탕 생산지였다. 그러나 장 자크 데살린이 이끈 아이티 공화국 신생 정부는 그동안 자신들을 착취했던 설탕 농장주 등 백인들을 무자비하게 학살했고, 이로 인해 생도맹그의 농장주, 기술자, 관리자들이 대거 루이지애나로 도망쳐 왔다. 이들과 함께 설탕 사업에 필요한 자금과 기술, 그리고 노예 인력까지 루이지애나에 함께 유입되었다.

루이지애나는 빠르게 설탕 생산의 중심지로 자리 잡아 불과 반세기 만에 '퀸 슈거Queen Sugar'라 불리며 세계 설탕 공급량의 4분의 1을 담당하는 최대 설탕 생산지로 성장했다. 목화 산업도 크게 발달해 '킹 코튼King Cotton'이라고도 불렸으며, 루이지애나는 미국 내에서 뉴욕에 이어 두 번째로 부유한 주가 되었다. 이렇게 농업 기반 생산이 폭발적으로 성장하며, 뉴올리언스는 자연스럽게 미국 노예시장의 중심이 되어 갔다.

하지만 1800년대에 접어들며, 대서양 노예 무역을 주도하던 영국을 비롯한 유럽 국가들 사이에서 노예 무역에 대한 비판적 인식이 싹트기 시작했다. 이는 노예제 자체에 대한 성찰로 이어졌고, 각국에서 노예제 폐지를 위한 입법이 추진되었다.

다음은 유럽 열강들이 노예제를 폐지하기까지 주요 사건을 나타낸 연표이다.

노예제 폐지의 역사

시기	국가	주요 사건
1444년	포르투갈	포르투갈의 라고스에 최초의 노예 시장 개설
1761년	포르투갈	노예제 폐지(본국만)
1794년	프랑스	혁명 정부의 노예 해방 선언
1802년	프랑스	나폴레옹, 식민지에 노예제 재도입

1807년	영국	노예 무역 금지법 통과
1808년	미국	대서양 노예 무역 금지
1814년	네덜란드	노예 무역 금지
1824년	영국	노예 무역 억제법 제정
1834년	영국	노예제 공식 폐지
1843년	영국령 인도	노예제 공식 폐지
1863년	미국	링컨 대통령, 노예 해방 선언 발표
1888년	브라질	노예제 공식 폐지

영국은 1807년에 노예 무역 금지법을 통과시켰지만, 이후에도 한동안 불법 노예 거래가 계속되었다. 이에 1824년에는 노예 무역 자체를 해적 행위로 간주해 극형에 처할 수 있도록 한 노예 무역 억제법을 제정하기도 했다.

한편, 미국에서는 목화와 설탕이 기존의 담배나 커피를 제치고 미국 남부의 양대 산업으로 부상하며 초호황을 누리고 있었다. 게다가 '조면기 cotton gin (목화에서 씨앗을 효율적으로 분리하는 기계)'가 발명되어 생산량이 폭발적으로 증가하자 노동력 수요 또한 급증했다. 하지만 유럽 국가들의 노예제 폐지 움직임으로 노예 수급이 원활하지 않게 되자, 미국은 결국 많은 노예를 밀수입하기에 이른다. 자연히 노예의 가격은 급등했고, 이로 인한 손실을 메우기 위해 최소한의 비용으로 최대한의 노동력을 착취하는 정책이 시행되었다. 농장주들은 노예의 식사량을 줄이고 단 하루의 휴식도 없이 주야로 일을 시켰다.

전례 없는 착취 하에서, 노예들은 영양실조와 질병으로 조기 사망하는 일이 흔했다. 무자비한 작업 강요는 노예들의 탈출 시도와 저항을 불러왔고, 이에 대한 처벌은 극히 잔혹했다. 체벌로 인해 목숨을 잃는 일도 비일비재했으며 언제나 사망률이 출산율을 웃돌았다. 자메이카 플랜테이션 농장에서의 혹독함을 넘어서는 착취가 루이지애나에서 자행되었다.

이러한 미국의 '흑역사'는 많은 영화와 소설을 통해 다루어졌다. 알렉스 헤일리의 소설 《뿌리oots》에서, 감비아에서 미국 노예로 끌려온 주인공 '쿤타 킨테'와 그의 후손들이 대대로 겪은 비극적 삶은 전 세계 독자들에게 깊은 울림을 주었다. 영화로는 〈노예 12년12 years a slave〉을 꼽을 수 있다. 1840년대 뉴욕에서 자유인으로 살아가던 한 흑인 음악가가 인신매매단에 납치되어, 악명 높은 루이지애나로 끌려가 노예가 되는 과정을 그렸다. 노예를 향한 잔인한 폭력과 인간성이 말살되어 가는 당시의 처절한 현실을 잘 보여 준다.

오늘날 전 세계인이 사랑하는 음악 장르인 재즈, 블루스, 리듬 앤드 블루스, 로큰롤은 모두 목화밭이 있던 미국 남부에서 태어났다. 우리가 자주 즐겨 듣는 이 음악들은, 수백 년 전 흑인 노예들의 고통과 맞닿아 있다.

9장

하와이, 설탕, 그리고 우리

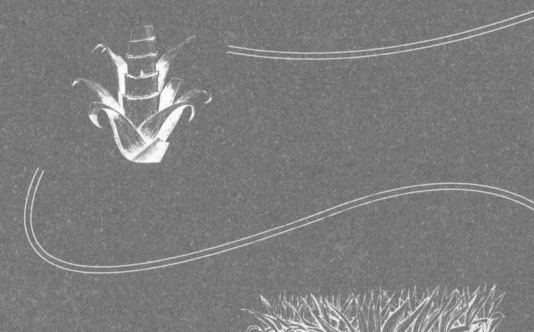

설탕의 길, 태평양을 건너 하와이로 이어지다

미국 남부에서의 목화 생산이 절정을 이루며, 노예 노동력은 이제 사탕수수 농장을 넘어 목화밭으로까지 대거 유입되었다. 이 무렵 유럽에서는 노예제에 대한 반성이 일기 시작해 노예제를 폐지하려는 정책이 추진되었지만, 여전히 막대한 노동력을 필요로 하던 미국 남부의 농장주들은 노예제를 고수했다. 결국, 노예제를 반대하던 북부 출신의 에이브러햄 링컨 대통령에 맞서 남부가 분리 독립을 선언하며 반기를 들었고, 이는 남북전쟁The Civil War으로 이어졌다. 약 4년에 걸친 치열한 전쟁 끝에 드디어 미국에서도 노예 해방이 이루어지며, 값싼 노동력을 확보하기 어려워진 설탕 산업은 미국 내에서 점차 쇠퇴하게 되었다.

바로 그 시기, 태평양 한가운데 있는 어느 섬에서 사탕수수 재배가 가능하다는 소문이 일기 시작했다. 그곳이 바로 하와이 군도다.

하와이는 세계적인 설탕 공급지의 위치까지 오르지는 못했지만, 우리 한민족 이주 역사에 매우 중요한 의미를 지닌 곳이다. 현재 미국 내 약 200만 명에 달하는 한인 인구는 1902년 제물포항을 떠나 하와이 설탕 농장에 계약 노동자로 도착한 121명으로부터 시작되었기 때문이다. 이제, 설탕의 세계사와 우리 역사가 교차하는 지점을 살펴보기 위해 시선을 태평양으로 돌려 보자. 미국 설탕 산업의 새로운 무대가 된 하와이는 그 이전까지 어떤 역사를 품고 있었을까?

영국의 제임스 쿡 선장은 1768년 하와이에 도착한 첫 유럽인이다. 당시 하와이 인구는 약 12만 8000명으로 추정되는데, 다른 자료에서는 30만 명에 달했다는 주장도 있다. 어쨌든 유럽인의 도래 이후, 하와이 원주민 인구는 카리브해의 섬들이나 아메리카 대륙에서 그랬던 것과 마찬가지로 급격히 감소했다. 1820년대 미국 선교사들은 현지 인구를 약 14만 2000명으로 추산했으나, 1890년에는 3만 9504명으로 집계되었고, 1910년에 이르러서는 원주민 인구가 약 2만 4000명밖에 남지 않았다.

제임스 쿡은 세 번째 태평양 항해 중 하와이 제도의 카우아이섬에 도착했다가 원주민에 의해 피살되었다. '캡틴 쿡'이라 불린 그는 불굴의 용기와 뛰어난 항해술을 지닌 탐험가였으며, 조국 영국에 무한히 헌신한 존경받는 인물이었으나 허무하게 생을 마감하고 말았다. 그의 최후에 대한 자세한 이야기는 생략하지만, 그의 등장은

하와이 왕국 초대 국왕 카메하메하 1세의 초상화.

하와이 원주민들에게 '섬 밖에 전혀 다른 세계가 존재한다'는 사실을 인식하게 해 준 계기가 되었다.

이후 미국의 선교사들과 고래잡이 어부들이 잇따라 하와이에 들어오기 시작했다. 이때 총과 대포 같은 서구의 무기도 함께 유입되었는데, 이 무기를 손에 쥔 한 원주민 세력은 다른 섬의 부족들을 무력으로 제압하고 하와이 군도를 통일 왕국으로 이끌었다. 그가 바로 하와이 왕국 초대 국왕인 카메하메하 1세Kamehameha I다. 카메하메하 왕조는 1893년 미국계 이주민 주도의 쿠데타 이전까지 지속되었으며, 쿠데타 이후 하와이는 잠시 공화국이 되었다가 1898년 미국에 병합되어 지금까지 미국 땅으로 남아 있다.

설탕이 만든 미국의
새로운 땅

하와이에서는 이미 원주민들에 의해 오래전부터 사탕수수가 재배되고 있었다. 하지만 상업적인 목적으로 본격적인 대규모 재배가 시작된 것은, 미국 보스턴 출신의 20대 청년 세 명(윌리엄 래드, 피터 브린스메이드, 윌리엄 N. 후퍼)이 1832년 보스턴을 출발해 1833년 하와이에 도착하면서부터다. 이들은 잡화점을 열고 하와이 현지와 연계한 상업 활동을 시작한 뒤, 1835년 '래드 컴퍼니 Ladd & Co.'를 설립하고 카우아이섬 콜로아에 플랜테이션을 조성했다. 처음부터 설탕 생산을 목적으로 하와이에 왔는지, 어떤 다른 계기로 하와이에 오게 되었는지는 정확히 알려져 있지 않다.

이들은 현지 선교사들의 도움을 받아 980에이커(약 120만 평)의 토지를 임차했는데, 경험 부족으로 운영 전반에 걸쳐 선교사의 조언을 받았다. 1835년 사탕수수 파종을 시작해 이듬해 당밀 소량 생산에 성공했고, 그다음 해에는 설탕 1800킬로그램과 당밀 260리터를 생산했다. 이후 설비를 확충하며 공장을 건설하기도 했는데, 이 공장이 현재 하와이의 역사 기념물 중 하나인 '올드 콜로아 타운 설탕 공장 Old Kōloa Sugar Mill'이다. 그러나 자금도, 인력도 부족했던 젊은 청년들은 결국 1844년에 사업을 접게 된다. 기록에 따르면 이들은 자금난을 해결하기 위해 프랑스, 벨기에, 샌프란시스코 등을 오가며 투자를 유치하려 했지만 실패했다고 한다.

그러나 세 청년의 설탕 사업을 보고 가능성을 발견한 사람들이 있었고, 이후 하와이에는 사탕수수 농장이 하나둘 생겨나기 시작했

하와이 카우아이섬 올드 콜로아 타운에 남아 있는 설탕 공장 유적. 1835년 설립된 하와이 최초의 상업적 사탕수수 플랜테이션의 흔적으로, 현재는 국립사적지로 보존되고 있다.

다. 주로 설탕 산업의 퇴조로 어려움을 겪고 있던 미국 남부 출신 농장주들이 하와이로 건너온 경우였다. 한때 설탕 산업이 번성한 카리브해의 주요 생산지가 모두 섬이었기에, 카리브의 섬들과 비슷한 위도를 지닌 하와이 또한 사탕수수 재배에 적합할 것이라는 판단은 자연스러운 일이었다. 실제로 사탕수수는 역사적으로 섬을 따라 재배되어 왔으며, 스페인인들이 사탕수수를 심었던 카나리아제도나 카리브해의 위도가 대체로 북위 17~21도에 위치해 있다. 하와이 제도 역시 북위 21도 내외의 온화한 기후를 띠어 사탕수수 재배에 적합하다는 평가를 받았다.

물론 사탕수수 농장을 조성하기 위해 우선 필요한 것은 토지였다. 그러나 당시 하와이의 토지는 대부분 왕가의 소유였기에, 외지인들은 왕가로부터 직접 토지를 구매하거나 임차해야 했다. 이 때문에 선교사나 고래잡이배 선원 등 하와이에 정착한 초기 이주민들은 농장 부지 확보를 위해 왕실과 긴밀한 관계를 맺을 수밖에 없었다. 한편, 사탕수수 농장은 평지에 위치해야 하며 물 공급이 원활한 지역이 유리했는데, 화산섬인 하와이는 평균 고도가 높아 그나마 평지가 많이 분포한 해안가를 중심으로 농장을 조성했다. 1848년 본격적인 상업용 농장인 마우이섬의 할리이마일레Haliimaile농장이 들어선 이후 많은 농장이 잇따라 조성되었다.

그런데 이 무렵 미국 본토에는 커다란 변화가 일어나고 있었다. 캘리포니아에서 금이 발견되면서 골드러시가 시작된 것이다. 금을 따라 대서양 연안에서 태평양 연안으로 인구가 몰리기 시작했고, 인구 증가와 함께 설탕 수요도 폭발적으로 늘면서 하와이 설탕 산업은 새로운 전기를 맞게 되었다. 캘리포니아의 골드러시 열풍은 금방 사그라들었으나 이후에도 서부 개척은 계속되었고, 하와이 설탕 수출 시장은 더욱 커졌다.

그러던 중 하와이 설탕 산업에 큰 변화를 일으킨 또 하나의 사건이 발생했다. 1861년 미국에서 남북전쟁이 발발한 것이다. 노예제를 지지한 남부 주들과 노예제 폐지를 원했던 북부 주들 사이에 벌어진 이 전쟁은 남부의 설탕 산업을 마비시켰고, 그 빈자리를 하와이가 채우게 되었다. 이에 가능성을 본 미국 투자자들이 금세 하와이 설탕 농장으로 몰려들었다. 다만 앞서 하와이의 농지를 점유하고 있던 이주민 선교사들은 현지에서 이미 정치적 영향력까지 지니고 있었기에, 외부 투자자들이 그들을 넘어서기란 쉽지 않았다.

1875년, 미국과 하와이 왕국은 '호혜 무역 협정Reciprocity Treaty'을 체결했다. 이 협정으로 하와이산 설탕을 미국에 관세 없이 수출할 수 있게 되어, 하와이의 설탕 업자들은 큰 이윤을 남길 수 있었다. 이렇게 설탕 산업의 규모가 급속히 커지면서 당시 난립하던 80여 개의 소규모 농장들은 자본력과 경쟁력을 갖춘 대형 농장을 중심으로 통폐합되었다. 공급망 역시 간소화되며 불필요한 경쟁이 제거되어, 이윤을 극대화할 수 있는 구조로 재편되었다.

이 과정에서 '하와이 빅 파이브'로 불리는 다섯 개의 대기업이 등장했다. 이들은 하와이 설탕 산업의 90퍼센트를 장악하며 사실상 하와이 경제를 좌지우지했다. 경제력을 손에 쥔 이들은 곧 정치에도 영향력을 행사했고, 결국 하와이 왕국을 무너뜨려 하와이 공화국을 수립한 뒤 하와이를 미국에 병합하는 과정에도 주도적인 역할을 했다. 하와이가 미국의 50번째 주가 된 배경에도, 이처럼 설탕 산업이 깊숙이 얽혀 있다.

조선인이 하와이 사탕수수밭으로 오기까지

영국이 1834년에 공식적으로 노예제를 폐지했고, 1800년대 후반에 이르러서는 대부분의 유럽 국가에서 노예제가 폐지되었다. 노예 해방 물결에 가장 늦게 대응한 미국은 결국 노예제를 둘러싸고 남과 북이 갈라져 비극적인 전쟁을 벌였다. 이후 에이브러햄 링컨 대통령이 전쟁 중인 1862년 9월 노예 해방 선언을 발표하며, 미국에서의 노예제는 (공식적으로는) 역사 속으로 사라졌다.

이러한 국제적 흐름 속에서, 하와이 사탕수수 농장은 더 이상 아프리카 흑인 노예를 쓸 수 없었다. 미국 남부에서 일하던 아프리카계 노동자를 데려온다 해도, 비용이 만만치 않았기 때문에 더 저렴한 노동력을 찾아야 했다. 이때, 하와이 농장주들은 값싼 노동력 조달을 위해 중국과 필리핀 등 아시아를 포함한 여러 지역으로 눈을 돌리기 시작했다. 특히 중국인들은 이미 계약 노동자로 미국 본토로 넘어가 일하는 경우가 많았기에, 하와이에도 비교적 쉽게 불러들일 수 있었다. 1852년 1월 3일 중국인 195명이 최초로 호놀룰루에 도착한 이후로 1897년 하와이가 미국에 병합될 때까지 5만여 명의 중국인이 하와이로 유입되었다.

당시 중국(청나라)은 제1차 아편 전쟁과 대기근, 태평천국 운동 등 여러 혼란이 겹치며 어려운 시기를 지나고 있었고, 이에 생계를 위해 해외 이주를 시도하는 중국인이 많았다. 이 시기에, 마침 1848년 캘리포니아에서 금이 발견되며 많은 중국인이 광산 노동자로 미국에 들어오게 된 것이다.

이후 중국인은 1862년부터 건설된 미국 대륙 횡단 철도의 주요 노동력으로 투입되었으며, 그 시기 중국인을 비롯한 아시아계 저임금 노동자들을 '쿨리'라고 낮추어 불렀다. 한때 그 수가 12만 명에 달했던 미국 내 중국인 노동자들은 비인간적인 처우 속에 사실상 노예처럼 일했다.

미국의 백인들은 처음엔 온순하며 계약을 잘 준수하는 중국인에게 호의적이었다. 게다가 중국인 노동자 대부분이 독신이었기 때문에, 계약 기간이 끝나면 결국 고국으로 돌아갈 것이라 여겼다. 그런데 철도 공사가 끝났는데도 상당수의 중국인이 돌아가지 않고 도시로 몰려 나와 일자리를 찾았다. 또한 그들은 미국 문화에 융화하지 않은 채 자신들의 복식과 풍습을 그대로 고수하며 지냈다. 백인 사회는 점차 이들을 점차 적대시하기 시작했고, 그 결과 중국인끼리 모여 사는 차이나타운이 형성된다. 이러한 중국인에 대한 반감은 점점 거세져, 1882년 '중국인 이주 금지법Chinese Exclusion Act'까지 제정되었다. 법이 통과된 후 10년 동안 미국 전역에서 중국인 이주가 금지되었고, 하와이 역시 이 영향을 받게 되었다.

중국인의 유입이 막히자, 이번에는 일본으로 눈을 돌렸다. 사실 일본인은 중국인보다 먼저 하와이로 이주해 사탕수수 농장에서 일한 바 있었다. 1868년에 이미 일본인 남성 142명과 여성 6명이 오하우, 마우이, 카우아이, 라나이 농장에 배치되었는데, 이들이 하와이로 건너온 1868년은 일본의 연호로 '메이지 원년明治元年'이었기 때문에 이 해에 하와이에 도착한 일본인 이민자들을 '가넨모노元年者'라고 불렀다.

그러나 일본인 노동자 또한 하루 12시간 이상의 고된 노동과 열악한 환경에 시달렸고, 적지 않은 일본인 노동자가 불만을 품고 고향으로 돌아가거나 심지어 사망하기도 했다. 이 소식이 일본에 전해지자 메이지 정부가 자국민의 하와이 이주를 금지했고, 1885년까지 약 15년간 하와이로의 일본인 노동자 유입이 중단되었다. 중국인 이주 금지법이 통과된 해가 1882년이니 일본인의 이주는 중국인보다 먼저 막혔던 셈이다. 다만 1881년, 하와이의 칼라카우아 왕이 일본을 방문한 뒤 하와이 주재 일본 공사의 노력으로 일본인 이민이 재개될 수 있었다. 1885년 153명의 일본인이 호놀룰루에 오게 되었으며, 이를 계기로 일본인의 하와이 이주가 다시 크게 증가했다. 1902년까지 하와이 설탕 농장 노동자의 70퍼센트가 일본인이었고,

중국인 유입이 막혀있던 시기인 1890년엔 일본계가 중국계를 앞질렀다.

이렇게 하와이 내 일본인 노동자가 많아지면서, 이들은 점차 처우 개선을 요구하기 시작했다. 1890~1897년 사이 29차례, 1900년에는 6개월간 29차례, 1900~1905년 사이에는 총 34차례의 태업 또는 파업이 발생했다. 당시 미국 법은 노동 쟁의를 허용하고 있었기 때문이다. 일본계 노동자들의 잦은 파업은 농장주들에게 큰 부담이 되었고, 하와이 농장주들은 또다시 대체 인력을 찾기 시작했다. 이로써 중국과 일본에 이어, 하와이 설탕 산업에 비로소 조선인이 등장하게 된다.

1910~1920년대 하와이 농장 노동자들이 들판에서 사탕수수를 모으고 있는 모습.

하와이 농장주들은 조선과의 이민 협상을 서둘러 추진하고자 했다. 하지만 그때까지 조선은 중국이나 일본, 인도에 비해 외부와의 접촉이 드물었던 '은둔의 나라'였기 때문에, 하와이의 사탕수수 재배업자들이 조선 당국에 직접 접근하기는 쉽지 않았다. 아마도 선교사를 통해 접촉을 시도했을 것이다.

한편 1897년 10월, 고종은 국호를 대한제국으로 바꾸고 황제의 자리에 오른다. 같은 해 하와이는 쿠데타로 왕조가 무너지고 미국에 병합되었다.

한인 이주 역사의 시작

　미국의 의사이자 선교사 호러스 알렌 Horace Newton Allen은 1884년 처음 조선에 들어와 의료 선교사로 활동했다. 이후 고종과의 친분을 쌓은 알렌은 대한제국의 정치에도 깊이 관여했고, 미국 정부는 그를 주한 공사로 임명했다. 조선인의 하와이 이주는 이 알렌의 역할이 결정적이었다. 그는 조선인의 하와이 이주를 성사시키기 위해 고종을 설득했고, 결국 1902년 하와이 농장 이주를 알리는 광고가 신문에 실렸다.

　그러나 당시 조선에는 하와이라는 곳이 거의 알려져 있지 않았고, 사람들은 들어보지도 못한 먼 이국으로의 이민을 쉽게 받아들이지 않았다. 당시 조선인이 주로 이주를 시도하던 곳은 만주나 연해주로, 모두 육로로 이동이 가능한 곳이었고 조선인들에게도 이미 어느 정도 알려진 지역이었다. 반면 하와이는 완전히 생소한 곳인데다 심지어 바다를 건너야 한다고 하니 아무도 선뜻 나서지 않았고, 광고를 낸 지 한 달이 지나도록 단 한 명의 지원자도 없었다. 결국 인천 내리교회의 헨리 존스 선교사가 자신의 교회 신도들을 설득하여 약 50명의 남녀를 모집해, 이를 계기로 총 121명의 지원자가 겨우 모이게 되었다. 이들 중에는 개신교 목사, 유학생, 향리 출신 선비도 있었지만, 대다수는 농부, 부두 하역 노동자, 군인 출신, 또는 무직자였다.

  1902년 12월 22일, 이들 121명은 일본 선박 겐카이마루玄海丸호에 탑승해 제물포항을 떠났다. 배는 나가사키에 들러 그곳에서 신체검사가 이루어졌고, 이 과정에서 19명이 탈락했다. 나머지 102명

1882년경 샌프란시스코에서 촬영된 갤릭호.
1903년, 최초의 한인 이민자들이 이 배를 타고 하와이로 떠났다.

은 나가사키에서 미국행 갤릭Gaelic호를 타고 하와이로 향했다. 남자 56명, 여자 21명, 아이 13명, 유아 12명으로 이루어진 인원이었다. 이들이 바로 최초의 한인 출신 미국 이민자들이다.

나가사키를 떠난 갤릭호는 10일간의 항해 끝에 1903년 1월 13일 호놀룰루항에 도착했고, 102명의 조선인 이민자는 오아후섬 북서쪽에 있는 모쿨레이아 지역의 와이알루아 농장Waialua Agricultural Company에 처음 배치되었다. 이후 이민이 지속적으로 이루어져 총 64회에 걸쳐 7415명이 하와이로 이주했다.

조선인은 하와이 전역의 약 40개 설탕 농장에 분산 배치되었으며, 인원은 농장마다 적게는 30여 명, 많게는 200~300명에 달했다. 하루 10시간 노동에 점심시간 30분 정도가 휴식으로 주어졌고, 허리를 펴거나 담배를 피우는 일이 금지되었다. 하와이 원주민 언어로 '루나'라고 불렸던 농장 감독관은 소나 말을 다루듯 채찍으로 조선인 노동자들을 통제했으며, 이름 대신 번호로 불릴 정도로 인권은 철저히 무시되었다.

하와이 이주 이후에는 멕시코로의 이민이 이루어지기도 했으나, 1905년 11월 17일 을사늑약 체결로 대한제국은 외교권을 박탈당해 독자적인 외교 활동이 불가능해졌고, 이로 인해 공식적인 해외 이민도 중단되었다. 그러는 동안 하와이 이주민 중 일부가 고된 노동과 낮은 임금으로 인해 약 1000명이 귀국했고, 2000명 이상은 미국 본토로 이주하기도 했다. 하지만 이주민 대부분은 하와이에 남아 농장 노동자 또는 자영농, 소상인 등으로 정착했다.

조국을 위해 기꺼이 몸 바친 조선인 청년들

앞서 말한 대로 하와이 이주민 중 많은 수는 그대로 하와이에 남아 정착했다. 하지만 일부는 열악했던 사탕수수 농장의 노동 환경을 견디지 못하고 다른 길을 모색하며 미국 본토나 멕시코, 쿠바 등으로 이주했다. 이들이 바로 오늘날 약 260만 명 규모를 이루고 있는 미주 재외 한인의 출발점이다.

이주민 다수는 비참했던 삶 속에서도 조국의 독립을 염원하며 독립운동 단체에 가입해 적극적으로 활동했고, 적은 수입의 일부를 기꺼이 떼어 독립운동 자금에 보탰다. 강한 민족적 연대를 바탕으로, 조국 독립을 위해 자발적으로 조직을 결성해 활동했던 이주 조선인의 모습은 디아스포라의 대표적 사례인 유대인이 보여 준 모습과도 많이 닮아 있다.

한편, 하와이를 떠나 미국 본토로 건너간 이들 가운데 상당수는 샌프란시스코에 정착해 이미 활동 중이던 안창호와 서재필 등 독립운동가들과 뜻을 함께했다. 이들을 중심으로 점차 확산되던 미주 한인 독립운동은 한 사건을 계기로 본격적으로 타오르게 된다. 바로 하와이에서 이주해 온 두 청년, 장인환과 전명운이 일으킨 '스티븐스 저격 사건'이다.

주일 미국 공사관에서 대한제국 외교 고문으로 일하던 미국 외교관 더럼 화이트 스티븐스 Durham White Stevens 는 여러 언론 인터뷰를 통해 조선에 대한 부정적 견해를 피력하며 일본의 식민 지배가 정당하다는 입장을 반복해 왔다. "조선인은 무지하고 우매하여 독립할 자격이 없으며, 일본 덕분에 문명화되고 있다"라는 식의 발언을 서슴지 않았고, 당연히 그는 많은 미주 한인의 공분을 샀다.

1908년 3월 21일, 스티븐스가 여름 휴가차 샌프란시스코에 방문했다. 그는 도착하자마자 또다시 일제를 옹호하고 조선을 비하하는 발언을 쏟아냈고, 이에 안창호가 샌프란시스코에서 조직한 독립운동 단체인 공립협회 소속의 최정익, 문양목, 정재관, 이학현 등이 그가 묵고 있던 호텔을 찾아가 발언 철회를 요구했다. 그러나 스티븐스는 이를 거절하며, "한국 황제는 무능하고 관리들은 백성을 학대하며, 백성은 무지하다"라고 발언했다. 스티븐스를 찾아간 공립협회 회원들은 격분하여, 의자를 들어 그를 구타하기까지 했다.

이후 여러 한인 단체가 회의를 통해 스티븐스에 대한 대응 방안을 논의했다. 그러던 중 공립협회의 전명운이 그를 암살하겠다고 자청했다. 다른 독립운동 단체인 대한보국회의 장인환 역시 "총만 구해 주면 내가 죽이겠다"라며 나섰다.

1908년 3월 23일, 스티븐스가 배를 타고 워싱턴으로 향한다는 정보를 입수한 장인환과 전명운은 각자 권총을 챙겨 부두로 향했다. 전명운이 먼저 도착해 차에서 내리는 스티븐스를 향해 총을 쏘았지만 격발되지 않아, 권총으로 스티븐스의 얼굴을 가격하며 몸싸움을 벌였다. 그때 도착한 장인환은 전명운의 고함을 듣고 권총을 꺼내 발사했는데, 첫발은 전명운의 팔을 스쳤고 두 번째 총알이 스티븐스를 명중시켰다. 스티븐스는 함께 있던 일본 공사를 향해 쓰러졌고, 현장은 아수라장이 되었다. 곧장 경찰이 출동해 두 사람을

대한제국 외교 고문 더럼 화이트 스티븐스. 평소 친일 발언을 일삼았던 그는 1908년 3월, 장인환과 전명운에게 저격당해 사망했다.

체포했으며, 스티븐스는 병원으로 이송되었으나 이틀 뒤 사망했다.

이후 전명운은 증거불충분으로 석방되었으나 장인환은 25년 형을 선고받았다. 하지만 구명을 위해 대동보국독립협회가 결성되어 변호사와 통역사 고용에 필요한 자금을 모았다. 이러한 노력으로, 장인환은 10년 후인 1919년 가석방되었다.

장인환과 전명운의 스티븐스 저격 사건은 미주 한인들의 독립운동에 결정적인 전환점이 되었다. 이 사건을 계기로 미국 전역에 산재했던 10여 개의 한인 독립운동 단체들이 하나로 통합되어 대한인국민회가 창립되었고, 미주 독립운동의 핵심 조직이 되었다.

장인환은 1876년생으로 당시 32세, 전명운은 1884년생으로 겨우 24세였다. 두 사람 모두 하와이 사탕수수 농장에서 샌프란시스코로 건너온 이민 노동자 출신으로 장인환은 1904년, 전명운은 1903년에 미국으로 건너왔다. 두 젊은이는 샌프란시스코에서 철도노동자와 어부로 일하며 생계를 이어 가던 중, 조국의 독립을 향한 뜨거운 가슴을 안고 거사를 감행한 것이다.

스티븐스 저격 이후 두 청년의 삶은 어떠했을까? 전명운은 일본의 감시와 압박을 피해 이름을 '맥 필드Mack Fields'로 바꾸고 연해주 블라디보스토크로 건너가 독립운동을 이어 갔다. 이후 다시 미국 로스앤젤레스로 건너와 세탁소를 꾸리며 어렵게 살다가, 생활고로 귀국하지 못한 채 1947년 사망했다.

평양 출신이었던 장인환은 가난한 어린 시절을 보낸 뒤, 하와이로 이주해 사탕수수 농장에서 일하다 미국으로 건너왔다. 스티븐스 저격 이후 10년간의 수감 생활을 마치고 1927년 잠시 귀국해 평양에서 결혼하기도 했지만, 일제의 감시와 위협을 피해 다시 미국으로 돌아가게 된다. 이후 그 또한 생활고에 시달리다, 1930년 샌프란시스코에서 자살로 생을 마감했다. 조국을 위해 누구보다 청춘을 불사른 이들의 마지막은, 마치 시대가 일부러 외면이라도 한 듯 지독히도 쓸쓸했다.

이후 장인환과 전명운은 이후 대한민국 정부로부터 건국 훈장 대통령장에 추서되어 국립서울현충원에 안장되었다.

하와이로 온 '사진신부'

조선인보다 먼저 하와이에 이주해 있던 일본인 남성들 사이에는, 본국 여성과 사진을 교환하며 인연을 맺고 결혼하는 형태의 이른바 '사진결혼' 방식이 통용되고 있었다. 초기 하와이 이주자는 남성이 여성보다 압도적으로 많아 성비 불균형이 심했다. 이로 인해 남성 노동자의 이탈률이 매우 높아 농장주들이 골머리를 앓고 있었는데, 하와이 당국은 이러한 현실을 반영해 일본으로부터 오는 신부의 입국을 허용했다. 곧 한인들도 이 제도를 따라 시행했고, 1910년부터 1924년까지 600~1000명가량의 여성이 신부 자격으로 하와이에 입국했다.

사진결혼의 일반적인 절차는 남성이 먼저 자신의 사진을 여성에게 보내고, 사진 속 남성이 마음에 들면 그때 여성이 자신의 사진을 보내는 것이었다. 남성이 여성의 사진을 보고 마음에 들어 하면, 하와이까지 오는 여비로 200달러를 보내며 최종적으로 중매가 성사되었다. 그런데 이 과정에서 남성이 나이를 속이거나, 젊어 보이도록 사진을 조작하는 경우가 잦았다. 또한 중매업자들은 사탕수수 농장의 고된 현실을 숨긴 채 하와이를 '지상 낙원'이라 선전하기도 했다. 물론 외세의 핍박과 극심한 가난에 시달리던 당시 조선의 현실을 고려하면, 그 '과장'이 반드시 허황된 거짓은 아니었을 수도 있지만 말이다.

사진결혼은 1924년까지 이어졌으나, 1924년에 미국에서 동아시아 이민자의 미국 이주를 전면 금지하는 '1924년 이민법_{Johnson-Reed Act}'이 제정되며 더 이상 이루어지지 못했다. 하지만 사진결혼으로 맺어진 부부 사이에서 태어난 2세들이 미국 시민권을 얻게 되며, 차츰 아시아계 미국인 인구가 증가했다.

사진결혼으로 낯선 땅에 오게 된 '사진부인'들의 행적을 살피다 보면 그야말로 가슴이 먹먹해진다. 그들은 조국에서 식구들 입 하나 덜겠다는 생각으로 알지도 못하는 먼 이국땅의 남성과 결혼했을 테지만, 하와이에서의 여러 활동을 통해 그들이 보여 준 용기와 실천은 참으로 위대하다.

1913년 4월 19일, 하와이 호놀룰루에 거주하던 여성들은 자녀들의 국어(조선어)교육을 장려하고 일본 제품을 배척하며, 교회와 사회단체를 지원하려는 목적으로 대한부인회를 조직했다. 이후 1919년 조국에서 3.1운동이 일어나자, 하와이 각지의 부인 대

표 41명이 모여 여성 독립운동 후원 단체를 만들고 독립운동을 벌였다. 이때 조직된 단체가 대한부인구제회이다. 단체 결성을 주도한 손마리아와 황마리아 여사는 3월 29일 다시 모여 대한부인구제회 결성의 목적을 천명한 후, 독립 자금 모집과 독립군 구호, 항일 외교 선전 지원 등 다양한 활동을 벌여 나갔다. 이들의 활동과 삶을 기록한 자료를 보면, '그 어떤 민족이 이토록 어려운 처지 속에서도 잃어버린 조국의 독립을 위해 이렇게나 애썼을까' 하는 생각에 절로 자긍심이 솟구친다.

인천 월미도에는 한국이민사박물관이라는 곳이 있다. 이곳을 방문하면 하와이 사탕수수 농장에서 일하던 이들, 그리고 당시 사진신부들의 삶을 담은 여러 사진을 볼 수 있다. 전시실 벽에는 시인 조우성의 시 〈하늘 우러러〉가 서예가 박영동의 글씨로 쓰여 함께 전시되어 있는데, 그 시를 소개하고 싶다.

인천 앞바다에
몰아쳤던 찬 바람에
저마다 흰 옷깃 여미며
그날 고국산천
다시 한번 둘러 봤어라
나라가 쓰러지고 사람이 상해가던
막막한 세상
그 세상의 끝

낯설고 물선

*포와布蛙라는 곳

용기 하나로 망망대해 건너서

고뇌와 슬픔을 헤쳐 살아온 지

어언 한 세기

때로는 사탕수수밭에 가려

사람의 자취조차 뵈지 않았어도

온종일 고국 하늘 우러러

내일의 꿈

절대 잃지 않으리

그 씨앗이 아름다이 자라

광복의 가슴 벅찬

꽃을 피우고

인천 땅엔 어엿한

대학까지 열었으니

참으로 고맙고 고맙구나

비록 조국이 준 것

핏줄밖에 없음에도

그 선각자, 애국자처럼

오늘은 또

자랑스런 후예

예술로서 조국으로

함께 되새기고 기리니

이제 영원히 영원히

대대손손 오가며

잃지 않을 손

겨레의 긍지이거라

조국의 영광이거라

*포와布蛙: 하와이의 옛 표기.

설탕 재벌의 섬에서
세계인이 사랑하는 섬으로

  1959년 하와이가 미국의 50번째 주로 편입되면서, 하와이 경제의 근간이었던 설탕 산업은 쇠퇴의 길을 걷기 시작했다. 초기 이주민의 노력으로 하와이에서도 설탕 산업이 성공하자 미국과 유럽에서 온 선교사와 고래잡이 어부들이 모두 사탕수수 산업에 매달렸고, 설탕 정제 공장이 곳곳에 들어섰다. 즙을 끓이는 데 필요한 땔감은 산의 나무를 베어 마련했고, 하와이의 울창했던 숲은 차차 민둥산으로 변해 갔다.

  또한 미국 본토에서는 하와이산 설탕을 구매해 돈을 벌려는 이들이 건너와 하와이에 직접 회사를 차렸고, 해운사들은 물류망을 구축했으며, 산업 규모가 커지고 정교화되자 금융, 보험, 투자 서비스도 잇따라 들어왔다. 하지만 그럴수록 노동력 부족 문제가 더욱 심각해졌다.

하와이에서 생산된 설탕은 모두 미국 본토에 수출되었기에, 미국이 부과하는 수입 관세는 하와이 설탕의 경쟁력에 결정적인 영향을 미쳤다. 미국이 관세를 감면하거나 면제해 준다면 하와이 설탕은 미국 남부나 카리브해에서 생산된 설탕에 비해 경쟁력을 가질 수 있지만, 초기 하와이는 미국 영토가 아닌 원주민들의 왕국이었기에 이를 기대하긴 어려웠다. 물론 이러한 문제는 하와이 왕국이 1875년 미국과 호혜 무역 협정을 맺음으로써 잠시 해결되기는 했다. 그러나 협정으로 인한 무관세 혜택은 조약 갱신에 따라 언제든지 변경될 수 있는 임시적 특권에 불과했기 때문에, 사탕수수 농장주들은 하와이가 아예 미국으로 편입되길 원했다. 이에 하와이 사회에서 영향력을 행사하고 있던 미국 출신 이민자들 중심으로 하와이 왕정을 무너뜨리자는 여론이 거세지기 시작했다. 물론 이 과정에는 미국 본토 정치가들의 하와이 병합 야욕 또한 작용해, 하와이 주재 미국 공사였던 존 스티븐스John Stevens는 하와이에서의 쿠데타를 적극 지원했다.

당시 하와이 왕국의 군주는 릴리우오칼라니 여왕으로, 오빠이자 전 왕인 칼라카우아가 샌프란시스코 여행 중 사망하면서 왕위를 이어받게 된 카메하메하 왕조의 마지막 군주였다. 1891년 1월 29일 53세의 릴리우오칼라니 공주가 여왕이 된 후, 그는 미국인 자본가가 왕국의 정치와 경제에 막강한 영향력을 행사하는 한 하와이 왕국은 영영 독립국의 지위를 가질 수 없다고 판단해 미국인의 왕국

내 참정권을 제한하고 설탕 산업의 국유화를 추진하려 했다. 당연히 이는 미국 출신 이주민에게 위협으로 받아들여졌다.

결국, 변호사 샌퍼드 돌Sanford Ballard Dole과 롤린 서스턴Lorrin A Thurston이 1893년 쿠데타를 일으켜 계엄령을 선포한 후, 임시 정부 수립과 동시에 하와이 왕국의 종식을 선언했다. 존 스티븐스는 호놀룰루항에 정박 중이던 미국 전함 보스턴호에 해병대 상륙을 지시했으며, 무장한 미 해병대 164명은 이올라니궁에 진입해 여왕을 체포하고 유폐시켰다. 여왕은 미국 정부에 특사를 보내 쿠데타가 무효임을 주장했으나 묵살당했다. 이듬해 하와이 공화국 성립이 공식 선포되며 릴리우오칼라니는 여왕의 자리에서 내려오게 되었으며, 쿠데타에 앞장선 샌퍼드 돌은 하와이 공화국의 초대 대통령이 되었다. 이후 하와이 공화국은 1894년부터 1898년까지 4년이라는 짧은 시간 동안만 존속했는데, 하와이 공화국 자체가 미국에의 병합을 위해 임시 성립된 국가에 불과했기 때문이다.

하와이의 미국인들이 그토록 합병을 원했던 이유는, 앞서 말한 대로 설탕 등 각종 농산품을 미국 본토로 수출할 때 관세 면에서 이득을 보기 위해서였다. 미국 또한 하와이를 중요한 전략적 요충지로 여겼는데, 1898년 쿠바의 독립 문제를 둘러싸고 미국과 스페인 간 전쟁이 터지자 하와이는 필리핀과 괌으로 향하는 이상적인 중간 기착지로 하와이를 주목하게 되었기 때문이다. 결국 같은 해인 1898년, 하와이는 미국의 준주準州로 편입되었다.

하와이 공화국의 초대이자 유일한 대통령을 지낸 샌퍼드 돌은

1950년대 미국 잡지에 실린 돌Dole 파인애플 광고. 돌은 20세기 초부터 파인애플 통조림 산업을 이끌며, 하와이를 '파인애플 아일랜드'로 만든 주역이다.

1900년 미국 정부에 의해 하와이 준주의 초대 총독으로 임명되었다. 1903년 총독직에서 물러난 뒤에는 시어도어 루스벨트 대통령의 임명으로 하와이 연방 법원의 판사로 재직하다가 1915년 은퇴했다.

한편, 그의 사촌인 제임스 돌은 하와이에서 파인애플 농장을 경영하며 파인애플 통조림을 개발해 큰 성공을 거두었다. 이것이 바로 그 유명한 '돌Dole' 통조림이다. 이후 돌은 하와이 파인애플 산업의 상징이자 세계 과일 통조림 산업을 대표하는 브랜드로 자리 잡게 된다.

그렇다면 하와이를 마음껏 주무르던 설탕 재벌 '빅 파이브'는 어떻게 되었을까? 이들은 1875년 하와이 왕국과 미국 간의 호혜 조약 체결 이후, 하와이산 농산물 무관세 혜택으로 막대한 이익을 거두며 독점적 지위를 누려 왔다. 그러나 1959년 하와이가 미국의 50번째 주가 되자, 그들만의 특혜였던 관세 면제는 더 이상 의미를 잃었다. 하와이가 완전히 미국으로 편입되면서 하와이 설탕은 더 이상 '수입품'이 아니게 되어, 관세 면제의 의미가 아예 사라졌기 때문이다. 게다가 합병 후 하와이 설탕은 미국 내 다른 주에서 생산되는 설탕과 완전히 같은 조건에서 경쟁해야 하는 처지가 되었는데, 미국 남부의 대규모 농장에서 생산되는 설탕에 비하면 하와이 설탕은 가격 경쟁력이 크게 떨어졌으며 본토로의 운송비 부담도 컸다. 이렇게 영원할 것 같았던 하와이의 설탕 재벌과 설탕 산업은, 차츰 경쟁력을 상실하고 쇠락해 갔다. 아이러니하게도, 자신들이 누리던 특권을 영구히 보장받기 위해 적극적으로 추진했던 미국과의 합병이 자신들의 산업 기반을 무너뜨리는 결과로 이어진 것이다.

하와이는 이제 소수 재벌의 손아귀에 놓인 섬도, 설탕 산업의 그림자에 머물러 있는 곳도 아니다. 매년 약 900만 명의 관광객이 찾는 세계적인 휴양지이자, 다양한 인종과 문화가 공존하는 다채로운 섬이다. 여전히 섬 곳곳에서 과거 성행했던 설탕 산업의 흔적을 찾아볼 수 있지만, 오늘날 하와이의 진면목은 풍부한 자연과 다채로운 문화, 그리고 따뜻한 환대에서 찾을 수 있다.